【史料紹介】

GHQ 幹部宛て北海道アイヌ協会関係資料について

田村　将人

　1946年 2 月24日、北海道アイヌ協会（理事長　向井山雄）が創立され、翌 3 月には社団法人として知事の認可を得、法人登記された。この団体は、1961年、北海道ウタリ協会に改称し、2009年、ふたたび北海道アイヌ協会と名称を変更し現在に至っている。この名称の変遷は、「アイヌ」という言葉が被差別体験に結び付き、当事者が名乗りにくい時代が長かったことを物語っている。2009年の改称までの間にも、毎年のように議論が繰り返されていた。

　さて、敗戦直後の混乱の中、北海道内各地のアイヌ民族の有志が連携し組織化を急いだのには、当時は GHQ（連合国軍最高司令官総司令部）の占領下にあってアイヌ民族としての意思表明が必要だったということになる。とりわけ、北海道旧土人保護法による給与地が農地改革の適用を受け没収されないよう陳情活動が行われたことは、大きな目的だったと言えるが、結果として給与地も農地解放の対象となった（小川、竹内、小坂らの研究を参照）。このような中、『アイヌ新聞』を発行した高橋真（1920-1976）が、GHQ の幹部数人に接触し、さらに連合国軍最高司令官マッカーサー元帥宛てに手紙を送っていることからも、当時のアイヌ民族にとって現状打破の活動だったと言える（伴野2012）。

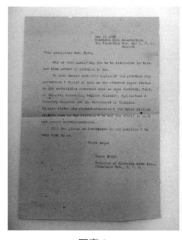
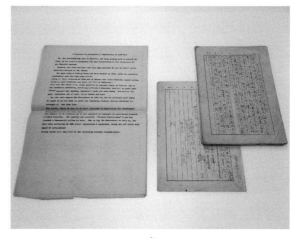

写真1　　　　　　　　　　　　　　写真2

　文化庁は国立アイヌ民族博物館（2020年7月12日開館）の開館準備を進める過程で、言語学者であり民族学者の知里真志保（1909-1961）に関連する資料を入手した。その中に、1946年の日付の入った資料が含まれていたので、ここに概略を紹介したい。

1）スウィング少将（GHQ）宛て向井山雄（北海道アイヌ協会理事長）1946年5月10日付け書簡。英文タイプ、1枚、カーボン複写。【写真1】

2）表題「A Petition for Promotion & Relief of Ainu race ／ Hokkaido Ainu Association(Foundational Juridical person)」。文末に、1946年、月日空白、「President of the director　Y. Mukai　Hokkaido Ainu Association」、ただし署名無し。英文タイプ、6枚、カーボン複写。【写真2】

3）表題「The Articles of the Ainu Association (Corporate Judicial person)」〔北海道アイヌ協会定款全33か条の英文〕英文タイプ、3枚、カーボン複写。

4）表題「アイヌ民族甦生援護ニ関スル嘆願」。文末に「昭和二十一年　月　日〔空白〕／北海道庁厚生課内　社団法人北海道アイヌ協会　理事長　向井山雄／〔空白〕殿」。手稿、ペン書き（黒、青インク、一部、黒鉛筆）、赤鉛筆で校正。「昭和　年　月　日」入り11行青色罫紙、15枚。【写真2】

5）表題「社団法人　北海道アイヌ協会定款」〔全33か条〕　謄写版、6ページ。

　まず、4）「アイヌ民族甦生援護ニ関スル嘆願」は、文中に「御庁」とあるも具体的な宛名は書かれず、GHQを含め各省庁へ共通した文面で作成されたことを想像させる草稿である。内容は、主に明治以降の北海道におけるアイヌ民族の窮状について法律名などを挙げて訴え、給与地の下付面積が専業農家となるには不足であること、とくに浦河や新冠の農場創設で強制移住を余儀なくされたアイヌ民族の権利回復などを例に挙げている。なお、使用されたものと同じ罫紙が、山本多助（釧路支部長）宛て小川佐助（北海道アイヌ協会常務理事）1946年5月16日付け書簡（竹内2006、p. 397-398）でも使用されており、筆跡が酷似していることから、小川によって書かれたものと推測できる。2）「Petition for Promotion & Relief of Ainu race」はその要約英文と考えられる。

　また、1）GHQスウィング少将宛て向井山雄理事長1946年5月10日付書簡は、すでに各省庁に送っている嘆願書を送付するのでアイヌ民族の現状を理解し解決に尽力されたい旨が請願されている。

　この後、5月31日には小川佐助、文字常太郎らが上京して内務省に対して新冠御料牧場解放とアイヌの入地を陳情。6月には北海道アイヌ協会幹部が、7月9日には高橋真が、7月23日には文字常太郎がそれぞれスウィング少将に面会している。このような動きは翌年にかけて頻繁に行われており、当時の衆議院議員選挙、北海道庁長官選挙、北海道議会議員選挙にアイヌ民族の立候補者（いずれも落選）があったことからも（竹内2006、p. 500-502）、戦後の新生日本への期待と積極的な行動とみることができる。

　さて、これらの資料を知里真志保（およびその周囲）が持っていたことをどう解釈するか。1946年当時、知里真志保は北海道アイヌ協会の参与、兄・高央は理事であった。さらに、知里高央、真志保兄弟とも英語を得意としており、ここに紹介した資料の英訳（英文作成）を行った可能性はある。なお、少なくとも知里真志保はアイヌ協会の活動に積極的に関わった時期であった（竹内・小

坂2007）。また、これらの資料の他に、文化庁は高橋真の『アイヌ新聞』の第3、5、8号も同時に入手しており、第5号には「知里高央先生」との鉛筆書きが見られる。このことから、これらの資料と知里高央、真志保兄弟の関わりを想定しておくに留めておこう。

　日本の敗戦と、アイヌ民族の権利回復への期待が入り交じった1946年当時のアイヌ史を探っていく上で重要な資料といえよう。今後、資料紹介を行っていくことを含めて、資料の活用を図っていきたい。

　なお、国立アイヌ民族博物館では、常設の基本展示室にて定期的な展示替えを行っているが、当該資料もその一環として展示している時期がある。資料保存の観点から、とくに手稿や衣服等は2か月を目途に展示替えを行っていることをご理解いただきたい。また、北海道内のテレビ局（NHK、HBC）がこの資料を取り上げた番組を放映したことを付け加える。

（たむら・まさと　国立アイヌ民族博物館）

参考文献

小川正人「北海道アイヌ協会浦河支部創立当時のこと：富菜愛吉」『北海道立アイヌ民族文化研究センター研究紀要』第9号、2003年

竹内渉編「北海道アイヌ（ウタリ）協会史研究1報告書」結城庄司研究会、2006年（財団法人アイヌ文化振興・研究推進機構『アイヌ関連総合研究等助成事業報告』第6号、2007年、所収）

竹内渉『戦後アイヌ民族活動史』解放出版社、2020年

竹内渉、小坂博宣「北海道アイヌ（ウタリ）協会史研究2ノート」結城庄司研究会、2007年（財団法人アイヌ文化振興・研究推進機構『アイヌ関連総合研究等助成事業報告』第7号、2008年、所収）

田村将人「ウポポイのお宝　7　GHQへの書簡」朝日新聞朝刊、2020年8月21日付け

伴野昭人『マッカーサーへの100通の手紙　占領下北海道民の思い』現代書館、2012年

社団法人北海道ウタリ協会アイヌ史編集委員会『アイヌ史　資料編3近現代史料（1）』北海道出版企画センター、1990年

マーク・ウィンチェスター「ここに注目！私たちの歴史」『国立アイヌ民族博物館ニュースレターアヌアヌ』第3号、2021年、p.7。

【論文】

近世・近代移行期における場所請負人の事業活動の変化
—蝦夷地松前場所請負人伊達林右衛門家の事例—

白鳥　圭志

（1）問題の所在

　本稿では、1800年から70年代までにおける、蝦夷地松前の有力場所請負人＝伊達林右衛門家の経営破綻の要因を再検討する。このことを通じて、江戸本家からの資金供給の途絶、他の場所請負人への貸付金の不良債権化、流通経路の変化を含む蝦夷地警護問題の台頭を新たに付け加える。その上で、明治期の整理過程の帰結を明確化する。これを以って斜陽化する松前の場所請負人では「地方からの産業革命」の積極的担い手にはなり得なかったことを明らかにする。

　明治維新以前の蝦夷地の経済的支配のあり方は、藩権力側の財源確保など、一貫して蝦夷地外からの訪問者への徴税（沖の口制度）も含めて場所請負人（制度）に依存していた。同制度は、米穀生産が殆ど不可能な松前藩に固有でかつ重要な経済制度であった[1]。その中でも伊達家は商人身分ながら松前藩永世士席勘定奉行経済掛に取り立てられる程の有力者であった。ところで、本制度は、その重要性ゆえに幕末維新期における蝦夷地研究の中で最も重要視された[2]。しかし、個別経営の特長の析出よりも、専ら制度解体の如何についての検証目的で行われていた[3]。

　本分野の研究の嚆矢となったのは、白山友正（1971）である。同書では蝦夷地の複数の場所請負人についての事実関係が調査の上で整理された。しかし、史料の関係から、場所請負人の経営内部までに踏み込めなかった。その後、榎森進（1997）が、松前藩の徴税制度と有力商人との関係について研究を深化させた[4]。しかし、場所請負人の経営史的検討にまで踏み込まなかった。田中修（1959）（1964）は、栖原角兵衛家の事例の検討を通じて、幕末維新期における場所請負人（制度）の没落を主張した。これに対して、田端宏（1968）（1972）は[5]、経営が悪化していない請負人の事例研究を示し、明治維新期以降における場所請負人（制度）の発展の余地を指摘した。中西聡（1998）第7章では数量的に田端説の優位性を確認した。フラーシェム，R.C. とフラーシェム，

※本稿は、2009〜2011年度文部科学省科学研究費補助金若手研究Bによる研究成果の一部である。なお、本稿は、東北学院大学経済学部ディスカッション・ペーパー＃2013−5として未定稿として掲載した草稿に、大幅な加除修正を加えたものである。

1　場所請負商人制度の内容は、以下に示す先行諸研究を参照。以下に示す伊達家の勘定奉行職就任については、加納信美編著（2009）、14頁。
2　研究史については、北海道・東北史研究会編（1998）、174〜194頁、所収の田島佳也論文も参照。なお、アイヌや浜中漁民との関係から研究が深められている（例えば、田島（1980ab）；地方史研究協議会編（1981）、所収の長谷川伸三論文など。なお、以下に示すものも含めて、田島氏の研究は、最近、同（2014）に取り纏められた）。
3　この点は地方史研究協議会編（1998）、89頁（田島佳也氏執筆）でも指摘されている。
4　関連研究として、大坂松前問屋の靭干問屋への従属を指摘した原直史（2000）がある。
5　松前町編（1988）、694〜729頁（田端氏執筆）も参照。

Y. N.（1994）は、山田文右衛門の場所請負人としての活動を取りまとめた[6]。しかし、内容的に伝記であり、経営分析からは程遠い。山口和雄（1996）が伊達家の共同経営者である栖原家から三井物産が継承した漁場の経営について検討した。しかし、場所請負人についての検討はしていない。前述のように、すべての場所請負人が没落したのではない。であれば、没落請負人の経営上の特徴や、生き残った請負人との相違点について個別的特徴を析出する必要がある。その際、松前地域の有力者に対する資金供給を中心に、これまで未検討であった、その融資姿勢の特徴や地域経済を巡る秩序に与えた意義を明確化する。

　その際、重要な示唆を与える幾つかの関連研究がある。田島佳也（1990）は、本稿の検討対象である伊達林右衛門の択捉島漁場の共同経営者である栖原角兵衛家の蝦夷地進出の過程を概観した。そこでは、栖原家が共同経営者としての伊達家の選択にあたり、江戸の伊達本家の資金力に着眼したことを推測した。田島氏自身は未検討であるが、本推測は江戸本家との資金関係の分析の必要性を示す。このほか、史料的制約がかなり厳しいが（後述）、伊達林右衛門家の商取引関係と時期別の変化についても検討する必要性がある。関連して、田中（1959）、72頁では、明治期以降、伊達家が漁業経営に消極的姿勢を見せた一方で、共同経営者である栖原家は漁業経営を継続したことが指摘された。両者の行動の違いを分けた要因も明確化する必要がある。さらに、ごく最近になると、中西聡（2009）が北前船主による廻船業務と漁業との「垂直結合的」な経営の重要性を指摘した。本稿の対象である伊達家も同様の経営を行っていた。しかし、本稿の課題は十分に検討されなかった。

　このほか、菊池勇夫（1999）は、本稿でも用いる伊達家『日記』を用いて、天保期（1830～43年）における択捉島の凶漁と天候不良を要因とする破船の続出という破綻要因を示した。この点を踏まえて、高橋周（2000）は、内地における海産物価格の下落を、場所請負人の経営悪化の要因として付け加えた。特に、前者は重要な指摘であり、本稿でも択捉島以外の漁場の動きも含めて検討するという形で継承する。しかしながら、近年の北方史研究を巡る井上勝生（2008）の問題提起を踏まえて、天候不順等にのみ問題を還元するのではなく、蝦夷地を巡る当時の国際情勢が与えた影響に着目したい。つまり、当該期の蝦夷地は、帰属先となる国が不明確であり、特にロシアと日本が領有権を巡り対立していた。このことの影響に着目して、幕末維新期における経営悪化の要因を明確化する。その際、単なる御用金負担ではない、蝦夷地警護問題の台頭に伴う、幕藩権力に対する負担増の存在を明確化する[7]。

　その上で、先行研究では検討が不十分であった明治維新以後における破綻した場所請負商人の家業の整理過程を検討する[8]。その際、次の2点に留意したい。まず、第1点目は、伊達家は、共同経営者である栖原家とは異なり、明治期になると漁場経営から撤退した。本方針が採られた背景を明確化する必要がある。第2点目として、本稿では近世期における経済活動を通じた資本蓄積が、

6　R.C. フラーシェム・Y.N. フラーシェム（1994）。
7　長谷川（1981）は領主への運上金増加を経営難の一因としている（77頁）。しかし、本稿で論じる諸点は明確化されていない。
8　注7田端論文では、家業整理の際の三井物産との契約関係書類を提示の上、事実関係を示したが、それ以上の立ち入った検討はしていない。
9　この点は、在来産業研究を通じて地域間関係の構造変化を指摘した谷本雅之（1998）に重要な示唆を受けた。

どこまで直接的に「地域工業化」（産業化）の原資に成り得たのかという点について、活動基盤となる地域との関係性の変化の如何も含めて検討する[9]。既に40年以上前に、近世期の経済発展を単純に明治の産業化に繋げることの問題が指摘されているにもかかわらず[10]、この指摘を無視した見解が出ていることを踏まえた場合、今一度、具体的な事実を確認する必要性がある。その際、最近の研究では、複数の事例を取り上げることで、近世後期の御用金負担や松方デフレによって資産を散財した地方資産家が、企業勃興期に「地方名望家的投資行動」を採れなかったことが仮説的に提起された[11]。この提起を踏まえたとき、散財・破綻した場所請負商人の末路の具体的内容を検討する必要性がある。その際、明治維新以後の経営整理とその帰結も含む経営環境変化への対応や彼らの経済的な立ち位置の特質といった諸点も検討する[12]。

（2）残存史料の状況と分析の限界

次に史料残存状況である[13]。残存史料の中には、部分的に欠落があるが、本稿で主に用いる文化文政期から安政初頭にかけての『日記』、現在の貸借対照表にあたる『勘定目録』がある。ただし、この『目録』には所有する船舶の価額が計上されていない。船舶は本店の所有と看做されたのかもしれない。このほか、経営動向を示した文書史料として、1858〜59年については『手控』、安政から万延年間初頭については『江戸状書控』、弘化－文久年間については『書用綴込』が残存している。さらに、明治期に入ると三井物産からの借金とその返済に関わる『借金一覧』（1876年）、『伊達店改革向要留』（1877年）、共同経営者である栖原家への漁業関係資産の引継書（1879年）といった書類が残されている（伊達家文書は北海道立図書館所蔵と北海道大学附属図書館北方資料室所蔵）。このほか、北海道立文書館所蔵の公文書の中に伊達家関係の調査文書が存在する。さらに、三井文庫にも若干の史料が存在する。なお、松前と増毛も調査したが、関連史料は見出せなかった。

そこで問題なのは商取引や金銭取引の細目が判明する帳簿類が殆ど存在しないことである。この点は商家の分析としては、特に計数分析面でかなり厳しい史料条件になる。したがって、伊達家の個別取引ごとの収支を含む取引内容の全容解明は、残念ながら不可能である。しかしながら、何とか時期別の取引の大まかな傾向を把握し、この問題を補うため、本稿では、原史料と照合した上で間違いを訂正しつつ、加納信美氏が整理した借用書・書簡などの一覧表（注12参照）を用いるほか、『日記』『手控』といった文書史料に記載された取引内容を整理した。『日記』等に現れてくる取引は、一方では、相当大口で重要なもののみであることが容易に予想される。他方では、時期にもよるが、

10　このような全くの謬論は、斎藤善之（1994）。少なからぬ研究者が指摘するように、斎藤らの「新興流通勢力」論は、研究史上、全く意味を持たない（さしあたり、谷本（1998）、10頁注14などを見よ）。方法面は、石井寛治（1972）、序章での矢木明夫批判を参照。最近、石井寛治（2018）、3〜4頁では、大石嘉一郎氏の産業革命研究の方法論が、山田盛太郎氏のそれに戻っており、近世来の経済発展との関係が射程外なことを指摘している。このほか、関連して、地域経済や地方資産家に着目して、近世来の経済発展と産業革命の連続性を主張する中村尚史（2010）も参照。
11　中西（2009）、第三部。
12　このほかに、主要な伊達家文書を読み下した加納信美編著（2009）がある。伊達家の借入額、預金額、貸付額などを丁寧に整理している点（後述）、鮭売買に関する史料を丁寧に解読している点では、本稿もその恩恵に浴している。ただし、秋田藩との関係や経営への影響については殆ど検討されていない。
13　以下、史料の残存状況については、北海道立図書館『蔵書目録第11分冊　北方資料篇1』同図書館、1977年12月末、59〜68頁による。

下荷の内容が殆ど判明しないという重大な限界を持つ。このほか、史料から判明する限り、1838年、60年に当主が代替わりする。これに伴って『日記』等の史料の執筆者が変化する。これに伴い記載内容に関する嗜好性が変化した可能性も十分にある。このような意味で、少なからぬバイアスがかかっている可能性が高い。しかし、部分的だが取引の大雑把な傾向は把握できよう。

　さらに、史料上の制約から、研究史上、指摘されている共同経営者である栖原家との関係性、伊達本家の経営実態、浜中漁民との関係や支配関係も含む彼らの実態についての分析に踏み込めなかった。このような限界があることを、まずはお断りさせていただく。

1.　文化文政期における伊達林右衛門家の経営展開

（1）商取引の概要

　まず、場所請負商人としての性格を考慮して、伊達家の商取引の構造の概略を示す[14]。文化文政期の『日記』に記載の取引状況である。判明する全取引93件中、51件の取引先名が分かる。しかし、本店を例外として、ある特定のものと取引を繰り返すことは殆ど皆無である。取引商品は、不明は6件であり、海産物を中心として、6件の蝦夷地産の狸やきつねの毛皮、着物がある程度である。ただし、宗谷での取引に関しては、場所での漁業に携わる漁民向けと思われる桑酒、菓子といった食料品取引が行われた。海産物は、この時期以外もそうであるが、よく指摘される鯡など肥料関係は比較的少なく、鮭関係や昆布など食用のものが多い。加納信美氏による「鮭売究証文」の金額を取り纏めたものから計算すると[15]、鮭の売却金額は、多い時で1811年の1,530両、少ない時で04年の198両、平均928両であった。『日記』に記載されている鮭関係取引の数の多さに加えて、上記「証文」の合計値のほか、昆布販売関係の史料が残されていない[16]。ここから鮭の取引が中心であったと判断できよう。次に取引種別である。『日記』記載の取引の殆どすべてが販売であり、買取は殆どない。後者は、鮭取引が中心と推定されるから、浜中漁民から調達したものが主で、『日記』には記載しなかったのかもしれない。なお、直後で述べる商圏が青森地方中心であり、特に津軽地方が松前藩領への飯米供給地であったこと（後述）や、周知のように、この時期の蝦夷地では米穀類の栽培は困難だったことから、買取取引として浜中漁民向けを中心とする食料品を調達していたと推定される。これが、後述の「店差引尻」（買掛金）の主要内容と推定される。この点は、天保の大飢饉期を除く、後述する時期も同様である。

　最後に商圏である。史料の制約上、多くの取引について、どこで取引されたのかが判然としない。判明する29件を取り上げると、本店所在地である江戸が最多の16件、蝦夷地内の宗谷（1件）、箱館（1

14　以下、各時期について同様のことを示す。このような記述は省略する。
15　以下の時期も含めて、加納編著（2009）、53 ～ 70頁。加納氏も鮭が「主要な収益源」（53頁）としているが、『日記』などを用いて推定はされていない。なお、以下、加納氏が利用した伊達家関係資料は、北海道大学附属図書館所蔵の原資料と照合した。
16　北海道立図書館作成の目録によれば、明治以前の鮭取引以外の海産物取引が分かる史料は存在しない（『蔵書目録　第11分冊　北方資料篇1』、1977年12月、59 ～ 68頁。加納氏の史料紹介と解説にみられるように（前注）、鮭が主要な販売物と考えられる。

件）のほか、弘前（１件）、青森（３件）、鰺ヶ沢（１件）、今別（１件）、津軽（１件）、三厩（１件）、今別（１件）といった津軽藩領内と秋田藩領の平潟（４件）といった所になる。つまり、松前を中心に蝦夷地内部での交易と、北東北をエリアとする比較的狭い地域内部での取引関係に、東廻り航路経由[17]での本店が所在する江戸との取引が加わる所に伊達林右衛門家の商圏の特徴があった。こうした流れは、総じて蝦夷地各場所⇔松前⇒江戸という鮭を中心とする海産物流通と、松前・北東北地域内部での局地的な商取引という二層から成立していた。その際、蝦夷地各場所⇔松前の流れは、向かって右方向が大きい。

　次に、破船など商取引を巡る海難リスクについてである。天保期前後とは異なり（後述）、『日記』を見る限り、1818年までの期間には、13年10月３・４日、16年８月５日の記述しか見出せない。ただし、文政期に入ると破船についての記述が出始める[18]。

（２）「資金出入」に関する分析[19]

　資金収支を検討する（以下、表１による）。出金は資産、入金は負債にあたる。まず、入金－出金である。1816年までは資産超過である。以後、基本的に入金超過状態が続く。しかし、17年以降、一時的に累積額が膨らむが、傾向としてはその額は減少した。つまり、変動はあるが、単年度で黒字が見られた年次が多い。しかし、16年以降、巨額の単年度赤字を計上することが見られる。経営は確実に悪化傾向を示した。入金内容を見ると、その殆どを本家・本店からのものも含む借入金・差引尻が大半を占めた。この点に伊達家の経営には限界があった。

　資産内容である。売掛金にあたると思われる「店の差引尻〆高」の金額・比重の大きい。関連して、例えば、1813年12月25日の文書には[20]、加賀谷左右衛門ほか２名が、運上金の支払が不能となったと見られる紀伊国屋幸四郎に代わり運上金を支払うべく、伊達林右衛門ほか２名に250両の貸付を依頼した旨の記述がある。このほか、「借用申金子之事」（阿部屋清六・伊兵衛発鎌金屋庄兵衛宛、18年日付不詳、『日記』）には、自らの資金繰りの困難にもかかわらず、伊達林右衛門が阿部屋らの保証人になり、資金繰りに困った阿部屋の資金調達を図った経緯が示されている。後述のように、伊達家は、松前藩領の信用秩序の頂点部分に位置していた。伊達家の対応は、同藩の信用秩序＝場所請負制の維持にあったと見られる。以上、「貸金・店の差引尻〆高」残高の増加は、取引先の経営不振が原因と強く推定される。同時に、伊達家は自らの経営内容の犠牲のもとに場所請負制の維持を図ろうとしたであろうことも看過すべきではあるまい。

（３）松前藩による債権放棄の重要性

　しかし、1817年以降、その理由は不明だが、出金－入金を中心に状況は一変する。変動はあるが、

17　東廻り航路の利用は1826年の『日記』中の10月21日付記述「十月廿一日宜住丸秋味仕江戸廻出航」からも確認される。なお、以下での□は解読不能文字。
18　「乍恐以書付奉願候事」、1820年４月、両人（栖原、伊達か）御勘役所宛、『日記』同年に合綴。
19　以下、この点に関する議論、個別項目も含む入金、出金額は、『勘定目録』『改正勘定目録』、加納編著（2009）による。紙幅の都合上、具体的数値の提示は割愛する。
20　1813年12月25日付、加賀屋左右衛門、坪田平次代請人利平次発伊達林右衛門、鍾金屋庄兵衛宛。

入金の大半を占める「所所よりの預金・差引尻」残高は24年までの間に6,000両台にまで低下する。この時期、例えば、21年には蝦夷地の松前藩復領が図られた（蝦夷地の第一次幕府直轄期は1799年から1821年まで）。これに伴い幕府直轄期に伊達家が上納できなかった冥加金（債務）が免除された[21]。これに加えて、同年中に伊達林右衛門は、松前藩から計4回、4,508両もの債権放棄を受けた。18年前後から、増毛・岩内両漁場をはじめとする[22]不漁の連続と塩鮭価格の下落を背景に、伊達家も松前藩に対して運上金の年賦支払いを依頼した[23]。関連して20〜50年までが、「非常に寒冷」な時期であった[24]。当該期は、大飢饉を齎した気候不順が続いた天保期の前後に当たる。特に、蝦夷地は寒冷地帯である。それゆえ、18年の不漁の連続は「小氷期」の前兆、又は蝦夷地が寒冷地であるが故に寒冷な現象が早期に発生したと推定される。このような気候不順が出漁を困難にしたことが不漁の連続の原因と推定される。本推定は、当該期における破船の続出（後述）からも、ある程度、裏付けられる。このことが、伊達家に運上金の年賦払いを求めさせた。

　この免除額の重要性は、1819年の「所所よりの預り金・店差引尻」残高にほぼ匹敵することからも窺える（店差引尻は現在の買掛金にあたると思われる）。これらが「所所よりの預金・差引尻」の減少を中心に財務内容の改善をもたらしたと推定される。なお、同様の措置は他の請負人にも及ぶ。伊達家に関しては、松前藩による請負人たちへの債務免除や引延しの受入れが、出金側における新規の貸付金の発生を抑制する状況をもたらした。

　ところで、1823年以降、入金側の「所所よりの預かり金・店差引尻」が貸金側の「貸付金・店差引尻〆高」を超過する。しかも、超過額は、年々増加する。新規貸付金発生抑制とともに、差引尻の決済を遅らせることで、資金繰りを維持する経営への変化が始まった。

（4）貸付金の役割

　資金ポジションの悪化にもかかわらず、伊達家の貸付の中には松前地域金融の円滑化を目的とする融資があった。例えば、「乍恐以書付奉願上候」（1814年4月3日付、栖原屋半助、伊達林右衛門発御役所宛）によれば、栖原屋と伊達が松前や箱館周辺地域の金融、特に冥加金支払い目的に資金確保の円滑化のために、無利息で1,500両余りの資金を融通した。この額は、1814年の「貸金・店の差引尻〆高」の1割ほどを占めた。この融資は、一方では地域金融の円滑化確保を通じた、場所請負人たちの営業継続を確保させた。他方では、融資により各請負人の冥加金支払いを可能にして、「御役所」を通じた幕府による蝦夷地支配を安定化する側面もあった。しかし、貸出リスクは前掲の加賀谷関係貸付と同様にかなり高かった。これらは、長期的には伊達家に経営不振をもたらす一因になったと考えられる。

21　以下での松前藩による伊達家への債権放棄回数・金額を含めて『日記』1822年。
22　タイトルなし、1820年11月、伊達林右衛門発御役所宛。なお、菊池（1999）では、著作の性格上、エトロフ島における不漁の動向のみを論じている。しかし、蝦夷地全体の場所の状況を見た上で、いつ頃から気候変化に基づく不漁や破船が場所請負人経営に影響を与えたのかを明確にする必要があろう。
23　「乍恐以書付奉願上候」、1818年10月4日、伊達林右衛門発御役所宛、『日記』同年に合綴。；「乍恐書付を以奉願上候」、1820年7月、『日記』同年に合綴。；口達覚」、伊達林右衛門、栖原角兵衛、1822年1月13日、『日記』文政5年に合綴。「御請証文之事」、伊達林右衛門手代若五郎ほか3名発松前御役所宛。
24　渡辺尚志（2009）、155頁。

2. 天保期における伊達林右衛門家の経営展開

（1）商取引の概要

　『日記』記載の天保期における商取引の状況を示す。まず、文化文政期とは異なり、全59件中、24件が買取であったことが重要である。これらは米穀類を中心とする食料品の取引であった。次に取引地である。海産物の取引21件中、江戸周辺（浦賀、品川を含む）が13件と同地方に偏っているのに対して、主な米穀類の買取は、全14件中、江戸（４件）、越後（４件）、下関（３件）で行われた。越後では同地産米が、下関では肥前米に見られる九州地方の産米が取引されていた。江戸周辺や伊達家が取引地のひとつにしていた北東北地方では飢饉が深刻であった。例えば、1834年の『日記』中の「奥州二州聞書」には、松前藩領の主な飯米供給先である津軽地方での深刻な食糧難、餓死者の続出ぶりについての記載がある。米価高騰も含めて同様な状況の地域は七箇所にも及んだ。通常、伊達家は、青森地域で浜中漁民向けを中心とする食料を調達していたと推定される（前述）。大飢饉の影響でこれらの地域で食料調達が困難化したことが、米穀類を中心とする食料品取引により行動範囲が広域化した理由であった。もっとも、伊達林右衛門が活動拠点とする松前では「売買之米無之故諸家より町人まで頼々いへ共不残粥ニテ困窮無之」状況であったという。林右衛門らの飯米確保行動により、かろうじて餓死者が出る状況は回避されたと見てよかろう。

　海産物の物流経路は、文化文政期同様、手舟を用いて東回り航路経由で江戸入りしていた。天保期の鮭の販売額は29,807両、年平均で1,987両であった。当該期の出金合計額と比較した時、この時期も鮭の販売が商取引の中心とみられる。ただし、「同（1834年５月）廿七日北蝦夷地登宜壽丸天祥丸着東方七千石西千三百石秋味不漁四百連以上事（か？）無之候」[25]とある。これに加えて、「住宝丸エトロフ行着箱館ニテ小作事出来エトロフへ塩七百俵同船ニ積入箱館ヨリ差送候分不漁ニテ荷物無之候」との記載もある。エトロフ島のみならず、東西を含め蝦夷地ではほぼ全域で不漁であった。同様な状況は「マシケ不漁」を伝える36年９月20日付けの『日記』、「西秋味大不漁」を伝える37年６月23日の『日記』、39年10月８日の「マシケ秋味不漁」を伝える記述にも見られる。不漁に加えて、「住吉丸イシカリ秋味売却引返し同所へ秋味二度積取之支度ニテ酒五十樽其外品々下荷積入翌五日朝未明ニ破船地船者弐艘限リ旅船大小十五艘破船ニ相成リ中ニモ越後差田半兵衛船三百石積米五百俵酒其外なしかぼちゃ積入新送同船之泊事ニテ参リ破船」[26]など、天保期を通じて破船も続出した[27]。不漁のみならず先行研究が指摘済みであるが、破船続出も伊達家の経営に悪影響を及ぼした。

　この時期になると、商品流通のあり方は、文化文政期の構造を残しつつも、主に飢饉を理由とする一時的な飯米購入を要因とする、下関など西日本⇒松前⇒蝦夷地と言った循環経路が加わる。天候不良に伴う不漁や破船の続出は、伊達家の経営に悪影響を与えた。この点に天保期における伊達

---

25 『日記』1834年、５月27日。
26 同上、９月４日。次の引用は９月６日。
27 このほか、1834年９月23日、1837年12月25日、1839年３月日、1839年９月９日、1840年10月25日にも破船に
　関する記述がある（いずれも各年の『日記』）。

家の商取引の構造の特徴を見出せる。

（2）「資金出入」に関する分析

　まず、入金−出金から検討する（以下、表１による）。変動はあるが損失が定着する。債務超過状態も解消されていない。特に、トレンドとして見た場合、天保期には累積損失額は大きく改善されていない。単年度の損益も大きな損失を出す年度が殆どで、42・43年の大きな利益が出ることで43年の入金−出金の値が31年のそれとほぼ同水準に回復する状況であった。次に出金側を検討する。第一に、一時減少から微増に転じた貸金・差引尻〆高が1834・35年頃から大幅な上昇に転じた。この時期になると、伊達林右衛門は経営難に陥った複数の他の場所請負商人に救済融資を行っていた（後述）。以上、凶漁など自然現象も含む経済状況の悪化により、飢饉による米穀販売だけでは十分な収益が確保不能であったこととも相俟って、回収不良や取引代金の決済難が発生したことが背景にあるとみられる。この結果、38〜40年に過去最高額の金額を示した正金残高は、42年以降、急減した。

　次に入金側を検討する。天保期に入ると1835年までは本家・本店からの借用金が5,000両ほどまで増加する。しかし、以後、減少に転じ、44年を最後に本店・本家からの借入は消滅する。もっとも、このことは本店・本家からの自立と手放しには評価できない[28]。店差引尻も、一時は減少したが、26年頃から大きく増加し、以後、上下変動はあるものの、30,000両台にまで増加する。場所請負人仲間たちからの資金を中心とする借用金も、一時、800両にまで増加した後、34年、43年には新規のもの300両を計上している。「出金」側の分析で示したように、経営環境の悪化により差引尻が増加していた。伊達家もまた、他の取引先と同様に、資金決済を円滑に行えず、差引尻を累積させたとみられる。これにより債務超過状態ながらも何とか経営を継続していた。

（3）伊達家の融資姿勢

　伊達家の経営が明確に斜陽化の方向を示す中で注目されるのは、その資金融通姿勢である。1836年には仕込資金の調達難に陥った場所請負人、関東屋喜四郎らの資金繰りをつけるために、林右衛門が保証人になったことを示す文書がある[29]。同年だけで、伊達は関東屋らの木村屋向け借入計4回、1,120両分の保証人になっていた。このほか、同様に長尾所左衛門からの借入1回、50両の保証人にもなっていた。関東屋は、一度、返済について「違約」していた。このような債務者の保証人になるのは、「違約」していない債務者以上に債務不履行のリスクが高い。実際、この貸出取引は債務者が返済不能となったため、史料で確認できる限り、林右衛門が500両分を代理返済している[30]。37年末の正金残高が4,845両であるから、これらの保証金額や代理返済が如何に伊達家にとって負担になっているのかが理解できよう。これらの行動は、一方では場所請負人たちの再生産を可能にし、かつ地域経済の円滑化に寄与した。しかし、他方では、源蔵方同店三右衛門が林右衛門

28　このことは、加納編著（2009）、41頁の評価に対する批判である。
29　『日記』1836年5月編著日付不明。
30　「乍恐書付御届奉申上候」、1838年3月、伊達林右衛門発御役所宛、『日記』に合綴。

を相手取り起こした訴訟関係文書に、林右衛門が「蝦夷地クナシリ場所塩引鮭仕入方義ニ付金子入用之為貸呉様達而相願候」とあるように[31]、伊達家の経営に悪影響を与えた。

　さらに、資金流通の構造も、上述した商品流通の構造の変化に照応する形で、文化文政期のところで指摘したもののほかに、飢饉に伴い一時的に松前⇒下関を中心とする西日本各地が付け加わる。なお、江戸本店への上納金支払い残高が消失した。江戸⇔松前のうち松前から江戸への資金の流れは、弘化・安政期に復活するまでは、一時的にほぼ消滅して、江戸⇒松前という一方的な資金流通が形成されたと判断される。

３．弘化〜安政期における経営動向

（１）商品取引の概要

　ここでは、『日記』からの取引の抽出に加えて、1858〜59年の『手控』を加えて、44年から55年までについて検討する。当該期の『日記』は、残存数自体が少ない上に、商品取引関係の記載があまり無い。全28件中、不明25件を除けば、取引地はすべて江戸である。取引品は、米穀類18件のほか、秋味、鮭などの食用の海産物が４件、鯡、鯡上粕といった肥料類３件を含む海産物ばかりである。なお、取引には、手船のほか、雇船も用いていた（55年５月18日、妙運丸との取引）。船頭への内売り（１件、54年11月２日、栄丸との取引）も見られた。なお、この時期には、天保期に頻繁に見られた、下関など西日本での米穀類の買付が消滅した。飢饉を乗り越えて、飯米供給地の津軽地方をはじめ、松前など蝦夷地での食料事情が安定したのであろう。このほか、当該期の『日記』史料中、不漁の記載が見られるのは、51年12月12日付けの「秋味不漁」のみである。以上、天保期の激しい気候変動が収束し、安定した漁獲量が確保可能になったと判断できる。

　この結果、商品取引の流れは、取引対象も含めて、基本的に蝦夷地⇒（松前、東廻り航路経由[32]）⇒江戸という、天保期以前のものに回帰する動きを示した。ただし、この現象は一時的であったと推測される。第二次幕府蝦夷地直轄期（1855〜67年）以降、確認可能な取引は、殆どすべて米穀が対象になった。取引地は不明であるが、産地名から見て越後から津軽地方にかけての日本海沿岸のいずれかの地域で調達されたと判断される。このような米穀購買活動が見られた理由である。58年３月２日の取引には幕府が設置した「役所ヨリ願出」があり購入したとの記述がある。この時期、幕府は蝦夷地が他国（具体的にはロシア）により植民地化された場合、津軽地方をはじめとする東北地方までもが動揺する可能性があり、しかも、一度、同地を喪失した場合、内地の全兵力を用いても領土回復が不可能であると考え、大兵力を蝦夷地警護に動員した[33]。幕府からの要請を受けて兵糧米輸送にあたる必要性が、米穀取引が行われた要因だったと考えられる。

　ただし、全取引が米穀関係に変わったとは考えにくい。それゆえ、取引内容が記載された『江戸

31　「乍恐以書付御訴訟奉上候」、『日記』天保９年11月日付不詳。
32　ただし、1854年12月14日付けの『日記』には「当寅年手船江戸廻無之」とある。このような年もあったことには留保が必要である。
33　岩﨑奈緒子（2005）、279〜280頁。

状書控』から、安政初頭から万延初頭までの期間における取引状況を抽出すると次のようになる。全取引数51件中、44件が食用の海産物であった。1845年から57年までの12年間の鮭の取引金額は38,412両、年平均は3,201両であった。これも同時期の「出金」合計額中、大部分を占める。ここから、本期間も相変わらず鮭を中心とする海産物の取引が商取引の中核であったと推定される。取引地も江戸・品川（13件）のほか、松前と推定されるものも12件と少なからずある（不明は20件）。この点は看過すべきではない。松前以外の蝦夷地でも取引はあったと思われるが、史料からは判然としない。

（2）「資金出入表」の分析

　次に入金−出金を検討する（以下、表1による）。まず、全体の動向である。金額は減少に転じているものの、相変わらず債務超過であった。しかし、トレンドとして見れば、その額は、特に1851年までは大きく減少している。単年度の損益を見ても利益を挙げている年度が多い。その後、理由は不明であるが、安政期に入ると、特に55年の巨額の損失発生により累積損失額は大きく増加した。次に、入金の内容である。「所所よりの預かり金・店差引尻」が構成比を上げている。本家・本店からの借用金が減少しており、46年以降は皆無になる。次に出金である。最大の変化は、本店への貸付金残高の計上である。入金側の変化ともあわせ見た時、江戸本店→松前伊達家→蝦夷地での事業という、林右衛門の事業活動を支える資金供給の消滅を意味する。このような変化が生じた理由は、史料的には、全く判明しない。もっとも、蝦夷地の第二次幕府直轄期（56～67年）になると、江戸の伊達本家は幕府金方用達に登用された[34]。その上で、幕命により蝦夷地防備に必要とされる多額の資金を負担していた。その前の時期から嘉永期までのプチャーチンの長崎来航後、樺太も含む対ロシア防備の必要性が認識されていた[35]。この事態が本家当主＝伊達浅之助の役職就任の背景にあった。時期は下り69年の史料であるが、浅之助が維新政府による蝦夷地開拓の総頭取筆頭にあたる三井八郎右衛門に提出した書類では、「箱館開拓御用掛頭取」職を辞退する理由として、病気の悪化とともに「近来甚不手繰ニ相成家業相休閉店仕居」という点が挙げられていた。ここから、第二次幕府直轄期以降、江戸本店も資金繰りも含む経営を悪化させたことが強く推定される[36]。さらに松前店から本店への資金上納には、松前店が蝦夷地を事業基盤とする以上、本店から幕府への資金上納に協力する必要性があったのであろう。

　続いて、貸金・店の差引尻〆高の比重の高さである。金額と構成比を見ると、前者は天保期以降、金額が大きく上昇した。後者は、天保期には、一時、80％に達したが、60％台後半から同前半に向かって低下した。しかし、出金合計から天保期には見られなかった本店への上納金を差し引いたものを分母とすると[37]、1844年から56年までの貸金・店の差引尻〆高の等分散・等平均の仮説検定を行った結果、１％水準で統計的に棄却不能であった。本推測から弘化～安政初頭期における貸出

34　田島（1990）、400～402頁。

35　岩﨑（2005）、279頁。

36　伊達浅之助「以書附嘆願仕候」、総頭取三井八郎右衛門宛、1968年９月、三井文庫蔵。

37　残高数値ではなく、総出金高に対する構成比を用いて検定を行った理由は、この時期に発生したインフレの推計への影響を除去するためである。

資産の内容には、天保期のような大飢饉こそはなかったものの、大きな改善はなかったと判断される。実際、『日記』には、漁業が豊漁になれば、56年6月29日付け書簡中の「マシケ鯡漁近年之出増ニ存候得共直段下落」、あるいは秋味について同年11月25日の「其上明春ニ相成直段ハ下落手違何とも松前迄不参ニハ難叶三拾年ニ一度位ケ様之事有之候」との記述が見出せる[38]。このほか、11月25日付け史料によれば、同じマシケ漁場でも魚の種類が違えば、秋味の漁獲高が200石減少した。さらには、択捉島では57年まで鱒漁が5年間も「不漁続」であった[39]。以上、一部漁場の漁獲高、および海産物価格は安定的ではなく[40]、上記引用史料から物価も下落傾向であった。それゆえ、35年前後以降の資産勘定諸科目の増大は物価下落によるものであろう。

　さらに、幕命を受けて1867年2月まで増毛地方の防備に当たった[41]、秋田藩への「冥加献金等秋田ニ限リ際立差出候」[42]とある。同藩は、幕末の京都警護の期間延長、農作物の「違作」などで大きな負担を負っていた。これらを背景に蝦夷地警護には不熱心であったとされる[43]。このような苦しい状況が、伊達家に過重な冥加金負担を要求した要因と推測される。関連して別の史料によれば、江戸本店から資金調達が判明した場合、同藩が、より一層、過大な冥加金上納を要求することが懸念された[44]。伊達家に強い懸念を抱かせるほど、同藩の要求は熾烈だった。さらに、61年の書簡には、59年から「壱万両献金仕」、年賦で上納していたとある。この状況下で三千両の追加支払いを求められた。この額は55年の正金残高の8割ほどに達する。書簡には「無理成候」とある。別の箇所には「御本店江伺之上御差図待受候迄ニモ及不申マシケ一ヶ所手放相成相当而者店存続出来兼候間趣意無之候亥宜敷只献上仕度存念ニ者無之」とある。伊達家は増毛漁場の請負継続断念も考えざるを得ない状況にまで追い込まれていた。別の史料に蝦夷地内の他地域を警護する「其外仙台南部庄内者障リ無之安心仕候得共只秋田ニ限リ六ヶ敷併御案事無之様取計可申事ニ奉存候」とあり、蝦夷地内の各漁場中、秋田藩が管理したマシケ漁場のみが過大な運上金を課したという[45]。本運上金はフローであり、史料の制約もあることから、注19史料には現れてこない。しかし、文書史料から判断して、その影響は財務内容の悪化に見られると推定される。この意味で伊達家は他に比べて運が悪かった。本家からの資金供給の途絶、凶漁などの経営状況の悪化に加えて[46]、秋田藩の要求が経営への打撃の大きさが理解できる。

38　以下、『江戸状書控』に合綴の文書による。
39　8月9日付け書状、市作（松前店支配役）・林右衛門発三人（江戸の本店関係者か？）宛、『江戸状書控』に合綴。なお、1859年11月15日付け書簡（両人発、三人宛）にも、「西地不漁と申ニ付存外買近不留之相場ニ候得共其段マシケ様子不訳候」とある。
40　高橋（2000）は価格下落を一面的に強調しているが、魚価は一方的に下がり続けた分けではない。このことを示す記述は少なからず存在するが、ここでは一例として、1860年11月9日付書簡（伊達林右衛門発「四人」宛）の「昨今両年春秋共不漁其上存外入費今差掛り値段も宜敷候間拾三本弐分ニテ船切商仕候」との『江戸状控』の記述のみを挙げておく。その点を踏まえた時、価格の不安定性を指摘すべきであろう。
41　金森（1991）、62頁。このような過重な冥加金要求にもかかわらず、秋田藩の蝦夷地警護にかかる収支は毎年約1万両もの赤字であった（同、63頁）。
42　1860年11月9日付け書簡（上掲）、『江戸状書控』に合綴。
43　以下、特記の無い蝦夷地警護と秋田藩との関係は、田端宏（1998）、52～53頁。
44　以下、1861年3月7日付け書簡、林右衛門発－（本店か）宛、『江戸状控』に合綴。
45　『江戸状書控』1860年2月29日。
46　1860年3月26日付け書簡、『江戸状書』合綴。

４．1860 ～ 70年代における経営悪化の帰結と家業の再編

（１）経営悪化の帰結①：浜中漁民への仕込金の供給不能と浜中漁民による海産物の直販

　ここでは、上記の行動が1860年代以降の伊達林右衛門の経営に与えた影響を考察する。

　まず、浜中漁民への仕込み金が供給不能になったことに伴う、林右衛門からの離反への動きの顕在化を指摘したい。浜増毛の浜中漁民が代官所に提出した訴状によれば、次の事情が判明する[47]。浜中漁民は、間接的ながらも、事実上、林右衛門から仕込金供給を受けていた。しかし、伊達家が資金難を背景に実質的に資金供給を打ち切ったために、事業継続が困難になった。それゆえ、浜中漁民への漁獲物の自由販売許可を求めて訴えを起こした。なお、この浜中漁民たちは現地の支配人たちに対しても訴えを起こしたようである。支配人たちは、林右衛門の意向を聞いた上で、対応を決めるとの回答を行ったようであるが、浜中漁民たちはこれを聞き入れないで直訴に及んだとの記載がある。

　これらの訴えを受けて、代官所は浜中漁民の窮状を理解するとした上で、林右衛門に改善を申し付けるので、自由な海産物販売は控えるようにと申し渡した[48]。申渡を受けた林右衛門らは、自分と浜中漁民の間に入った「小栖前町久作商澤内町三郎右衛門右両家」から依頼がなかったので、資金供給をしなかったとの文書を役所へ提出した。その中には「以後前々之通相定願出候ハバ時宜ニ寄多少出金可仕奉存候」（傍点は引用者）との記載、浜中漁民による第三者への直接販売は受け入れられないとの記載がある。林右衛門は、自己の正当性を主張した。しかしながら、傍点部分あるように、資金供給量については限界を認めていた。前述のように、林右衛門自身の経営難が進展していた。つまり、浜中漁民の要求に応じて潤沢な資金を供給できる状況にはなかった。それが上記引用文の背景にあった。このほか、浜中漁民の生活を支える仕込資金の殆どが松前からの供給に依存した[49]。林右衛門は他の場所請負人に資金を供給し、場所請負制に基づく蝦夷地漁業を支えていた（前述）。その林右衛門が資金難に陥ったことは、浜中漁民も含む場所請負制の不安定性が深刻化したことを示唆する。

　以上、浜中漁民と林右衛門の主張は基本的に対立していた。このような中で、兵糧等を輸送した秋田藩の船が江差・松前に立ち寄り荷改めを受けることなく、海産物を自国領内に輸送する事態が発生した[50]。「乍恐以口上書御伺奉申上候」には、同藩陣屋へ兵糧等を運んだ船が「蝦夷地産物」を「積登」った旨の記載がある[51]。本文書も、この事実を裏付ける。この訴えを受けて、幕府役所側は必ず松前で荷改めを受けるようにとのお達しを出した[52]。言うまでもなく、海産物を販売したのは、

47　「浜中直訴嘆願書写」、1861年。なお、浜増毛の浜中漁民という点は、後に引用する林右衛門から役所に提出された文書から明らかになる。

48　『御代官所ヨリ浜中ヘ申渡写』、文久元年酉七月。

49　田島（1980b）、54頁。

50　タイトル無し。以下で引用する文書は特記しない限り、『文久二壬戌年五月秋田様庄内様御陣屋用物積入船直舟風一件調書　塩越屋より写取』に合綴。

51　戌四月付け、御役所宛。

52　次の文書も含めて「酒井左衛門尉江　達之覚写」、日付不詳。

浜中漁民以外にあるまい[53]。ここでは次の点が重要である。浜中漁民が第三者に直接海産物の販売を行なうことは禁じられていた[54]。それにもかかわらず、場所請負人の許可を得ないままに同藩関係の船に海産物を販売し、なおかつ同藩関係の船が松前での荷改めを受けなかった。史料によれば同藩は900石積程度の船を用いていたようである[55]。もし、荷改めを受けたとすれば、同藩の損害は甚大である。同藩による国元へ戻る船への海産物積載については[56]、既に1855年5月の段階で松前藩と幕府との間で「協議が繰り返されてい」た。実際、秋田藩は、幕府による禁止命令にもかかわらず、海産物輸送を実施しており、伊達家からもこのことに対して「懸念」が出されていた。同藩は、海産物輸送の実態が明らかになることを恐れて、荷改めを受けなかったと判断される。この状況は、少なくとも、安政年間以降、文久期まで継続していたと見られる。

　以上、林右衛門からの浜中漁民たちの離反が生じ、浜中漁民と秋田藩との直接取引という新たな流通経路が形成された。その障害となる松前での荷改めの拒絶行為が顕在化した。なお、浜中漁民騒動を巡る一連の動きの顛末は、史料の制約上、詳らかではない。しかし、以後、同種の史料が残存しない。以上、林右衛門側も幕府「御役所」の説得に応じて、不十分である可能性が高いが一定の資金を供給した。これにより浜中漁民と秋田藩との間に形成された新たな流通経路を完全に遮断できなかったが（前述）、一応、問題を収束させたと推定される。このほか、これらの一連の事実から、自ら経営難にもかかわらず、林右衛門はギリギリまで松前に在住して、浜中漁民に資金供給をしたことが判明する。

　さらに、幕府による第二次蝦夷地直轄の開始期になると、箱館の台頭に伴い松前への入津船は激減した。他方で多数の松前在住の商人たちが箱館へ移住していた[57]。林右衛門は松前に居住し、なおかつ浜中漁民に資金供給を続けることで、松前を中心とする地域経済秩序を維持しようとした。しかし、浜中漁民の一件と新たな流通経路の形成が示すように、経営基盤が悪化する中で、林右衛門の動きにも限界が生じた。

（2）経営悪化の帰結②：債務累積処理と札幌移住・家業整理

　上述した浜中漁民の離反への動きが生じる中で、恐らくはその沈静化のために同家は多額の借入を行った。しかし、それは、最終的には、債務の累積に帰結する（後述）。

　この間の経営実態が判明する史料は残念ながら見いだせない。しかし、1872年の時点で、伊達家など場所請負商人4人連名で、開拓使宛に「御融金之御助成懇願」したことが判明する[58]。さら

53　この現象の背景には、史料の制約上、本稿では立ち入れないが、田島（1980）や地方史研究協議会編（1981）所収の長谷川論文が指摘する浜中漁民の成長がある可能性もある。
54　『浜中嘆願書御答書』、1861年酉七月。
55　「運賃勘定書」、真潟喜兵衛ほか3名発、工藤庄兵衛宛、1857年3、5月、『触書　町年寄江』に合綴には「御雇船壱艘／真潟喜兵衛船沖船頭与市／此積入石九百石目…右者秋田ヨリ松前城下迄百石目ニ付金壱両松前城下ヨリマシケ迄百石目ニ付金拾三両都合百石目ニ付金弐拾両御定内金九拾両　此度秋田湊ニテ相渡（後略。傍点は引用者）」とある。
56　以下、この点は、金森（1991）、53～54、58頁による。
57　『江戸状書控』、1856年11月25日。
58　「懇願申上候書附之事」、1872年12月、伊達林右衛門ほか4名発、開拓使松山米三郎宛、三井文庫所蔵。

に、伊達家が、73年に増毛漁場に関する税金を滞納したことも確認される[59]。ここから、その後の漁場経営は、順調でなかったと推定される。このことが、債務累積の主因であろう。ここでは史料の制約上、千島・樺太交換条約に伴い同地の漁場の喪失により打撃を受けた後の時期[60]である76年時点の累積債務額は7,000円を超えていた[61]。同家は、75年に三井組と海産物委託販売契約を締結した際に、同組から土地・建物・漁具を担保に２万円の融資を受けた。史料には三井組からの債務が記載されていない。それゆえ、実際の債務額は27,000円超の金額と推定される。このほか、不良債務と判断される81年（推定）の年賦金は36,372円にまで膨張していた[62]。同家では、これらの取引先に少なからぬ数の延納願を出していた。このような中で、伊達家は、90年１月１日から96年11月までの増毛漁場の漁業権譲渡と引き換えに、栖原家から年1,500円の報酬を受け取るという賃貸契約を締結していた[63]。ここから、事実上、同家の経営は行き詰っていたと考えられる。なお、92年になっても、同家は8,000円の借金を抱えており、再度、売掛金・預金等8,400円あまりを支払い原資とすることを柱とする再建策を立てている[64]。以上、債務整理を通じた家業の再建は、明治20年代半ばに至っても完了していなかった。

　この結果、同家は、「米塩酒醬油味噌」といった日用品の代価として7,000円を三井物産に預け入れ、その見返りに利子として金500円を毎年７月末日に同社から受け取ることを条件に、1895年から４年間にわたる増毛漁場の三井への「保護約定」（事実上の経営委託）を行った[65]。これに加えて、三井からの漁場の返還後は、園田実徳への漁場貸付経営が示すように[66]、事実上、同家の漁業経営のあり方はレントナー的なものに転換した。その後、79年になると択捉漁場を共同経営者である栖原家に売却した上で札幌へと移住した[67]。かくして、松前経済の支柱であった伊達家は、その役割を止めた。

結論

　詳細は省くが商取引面での変化が生じる中で、1817年以降、一時的に改善への動きが見られた時期もあったが、トレンドとして入金－出金は、安政期直前まで停滞的であった。なおかつ債務超過状態が継続しており、既に幕末開港期前の比較的早い時点で伊達林右衛門家は経営難に陥っていた。その際、経営悪化の要因として、本稿では①江戸の伊達本店からの資金供給の途絶と本店への

59　開拓使『増毛郡漁場持伊達林右衛門収税金不納ニ付取調一件　六年ヨリ明治八年十一月』、北海道立文書館所蔵資料。
60　以下、三井組との取引関係については、中西（1997）、248 ～ 250頁。中西氏は、伊達家の経営悪化を巡り、千島・樺太交換条約による漁場喪失という打撃にのみ注目している。しかし、維新前の時点で経営状況はかなり悪化していた。
61　『借金一覧　明治９』。
62　以上は、例えば、『借金延期証書　明治10年』、『借金延期之件、他　明治10年』、『年賦金返済一覧』。
63　『増毛郡伊達家漁場につき栖原家との契約書　明治25.3.7』。
64　『借金返済計画』。
65　『増毛郡伊達家漁場につき三井物産合名会社との契約書』、1894年と推定。なお、増毛漁場は、別の史料では「増毛三井漁場」と記載されており（『三井物産合名会社関係文書綴　明治30－34年』）、事実上、経営権は三井に握られていた。
66　『増毛漁場、園田実徳に貸渡の件』、1905年。
67　北海道総務部『開拓の群像』中巻、55 ～ 50頁。松前町編（1988）、114頁。

資金上納、②貸倒リスクが高い他の場所請負商人への貸出と不良資産化、③第二次幕府蝦夷地直轄期の秋田藩への過重な冥加金負担の存在と同藩の船による新たな海産物流通経路の形成を先行研究の指摘に付け加えたい。①は、江戸本家が幕府金方用達に就任し、蝦夷地防衛のための多額の資金負担をしたことが要因と推定される。このことは、江戸本家の資金力を期待して、栖原家が伊達林右衛門を共同経営者に選んだとの田島氏の推定に疑問を投げかける。②は伊達家の場所請負人中心の社会秩序を中心とする「地域志向」[68]の強さを表す。同時に伊達家も仲間の場所請負人から借入れており、松前藩からの債権放棄や借用金も含めて、三者間で相互に支えあい地域の経済秩序を維持していた。もっとも、この構図は、特に40年代後半以降に明確に変化し、松前藩からの借入金が伊達家の資金繰りの支えになった。このことは場所請負制度の再生産も含む同藩の支配秩序の維持に貢献した。つまり、同家の「地域志向」は特権と強く結合していた[69]。その意味で、強い利益志向を帯びていた。この点は、例えば、企業勃興期以降[70]、「地方名望家的投資行動」をとった地方資産家との重要な相違ではなかろうか。③は蝦夷地防衛問題の産物であった。これらから、同家の経営悪化は、秋田藩による増毛漁場の警護という不運や、弘化〜安政期における商取引面での兵糧米取引の増加など、蝦夷地の帰属が日本・ロシアにとって重要問題化したことを強く反映した[71]。このことが、明治維新後の両家の経営方針の相違をもたらした一因と推定される。伊達家は、地域内において信用秩序の頂点部に位置して、松前藩権力の中枢にあってこれを維持する重要な貸し手の役割を果たしていた。これら①から③により同家の経営悪化に伴う資金供給の途絶は、経営が悪化していた多くの場所請負人たちを連鎖破綻に巻き込んだと考えられる。その意味で場所請負制の解体の問題を考える時、同家は重要な位置づけを与えられるのではあるまいか。

　これらを背景に、明治維新以後、家業整理のために、伊達家は択捉島漁場からの撤退、増毛漁場の三井への事実上の経営委託を行い、特に漁場の売却収入とこれにより得た資金がもたらす利子収入で債務を処理した。整理後も園田実徳へ漁場を貸出した。この過程で漁場貸付によるレントナー化した[72]。さらに、択捉漁場の整理・買却後の札幌への移住に見られるように、松前の斜陽化・「僻地化」への流れに抗せなかった[73]。このことは、幕末維新期から産業革命期にかけての激しい地域変動の中で、松前を「産業化から取残された地域」にする一因になった[74]。同時に、没落した場所請負人を、産業革命期以降の経済構造の中に、工業化の直接の担い手である投資主体や事業主体としてではなく、工業化に必要な食料生産上の重要な在来漁業＝地場産業への漁場貸付者として、その立ち位置を強く制約される形で定置された。つまり、斜陽化する松前を基盤とする伊達家は、「地

68　中西聡（2002）を参照。

69　専ら伊達家の権力志向を強調する加納（2009）、1頁は、この点を看過している。

70　谷本雅之・阿部武司（1995）。

71　井上（2008）、179頁；平川新（2008）、第1・2章。

72　田端（1968）（1972）では、家業整理に伴う事業の在り方の転換が論じられていない。

73　伊達家は1888年12月に松前病院建設費として10円の寄付をした程度であった（『松前病院改築寄付金額　明治21．12』、伊達翁記（林右衛門改名）発松前郡長山内久内宛）。

74　白鳥圭志（2014）。なお、以下の議論は、石井（1972）（2018）が提示した近世・近代の連続・断絶の統一的把握、あるいは地域経済に着目して近世来の経済発展を産業革命に連続させる中村尚史（2010）に対する実証面からの解答ないし批判である。なお、以下の引用は、石井（2018）、313頁。

方からの産業革命」を引き起こす積極的担い手たり得なかった。おそらく札幌移住後は、増毛漁場から入る賃貸料収入でそれなりに豊かな暮らしをしていたに過ぎなかったのではあるまいか。これが、伊達家が「与えられた構造的制約の中で」確保した経済的立ち位置であった。

参考文献

北海道・東北史研究会編（1998）、『場所請負制とアイヌ』、北海道出版企画センター。

地方史研究協議会（1981）、『蝦夷地・北海道』、雄山閣。

田島佳也（2014）、『近世北海道漁業と海産物流通』、清文堂。

白山友正（1971）、『増訂松前蝦夷地場所請負制度の研究』、厳南堂書店。

榎森進（1997）、『増補改訂北海道近世史の研究』、北海道出版企画センター。

中西聡（1998）、『近世・近代日本の市場構造』、東京大学出版会。

中西聡（2002）、「パネル」、『経営史学』第37巻1号。

中西聡（2009）、『海の富豪の資本主義』、名古屋大学出版会。

中村尚史（2010）、『地方からの産業革命』名古屋大学出版会。

菊池勇夫（1999）、『エトロフ島』、吉川弘文館。

井上勝生（2008）、『幕末維新』、岩波書店。

斎藤義之（1994）、『内海船と幕藩制市場の解体』、柏書房。

加納信美編著（2009）、『試論　伊達林右衛門』、北海道出版企画センター。

石井寛治（1972）、『日本蚕糸業史分析』、東京大学出版会。

石井寛治（2018）、『資本主義日本の地域構造』、東京大学出版会。

谷本雅之（1998）、『日本における在来的経済発展と織物業』、名古屋大学出版会。

谷本雅之・阿部武司（1995）：「企業勃興と近代経営・在来経営」、宮本又郎・阿部武司編『日本経営史2　経営革新と工業化』、岩波書店。

フラーシェム、R. C. ＆ フラーシェム、Y. N.（1994）、『蝦夷地場所請負人』、北海道出版企画センター。

平川新（2008）、『開国への道』小学館。

渡辺尚志（2009）、『百姓たちの江戸時代』、ちくまプリマー新書。

松前町編（1988）、『松前町史』通説編第1巻下、694〜729頁（田端宏氏執筆）

田中修（1959）、「場所請負制度の解体と三井物産」、『経済論集』（北海学園大学）第8号。

田中修（1964）、「明治期における北海道漁業の展開」、『社会経済史学』第29巻6月。

田端宏（1968）、「幕末期の場所請負人」、『北大史学』第12号。

田端宏（1972）、「明治前期北海道漁業構造の一考察」、『史流』第13号。

田島佳也（1990）、「北へ向かった紀州商人」、網野善彦ほか編『日本海と北国文化』、小学館。

田島佳也（1980a）、「幕末期浜益場所における浜中漁民の活動」、『研究論集』（神奈川大学）、3月。

田島佳也（1980b）、「幕末期〈場所〉請負制下における漁民の存在形態」、『社会経済史学』第46巻3号、9月

田端宏（1998）、「幕領蝦夷地の終焉」、永井秀夫編『近代日本と北海道』、河出書房新社。

山口和雄（1996）、「三井物産の漁場経営」、『三井文庫論叢』第30号。

髙橋周（2000）、「エトロフ島問題の歴史的起源」、『日本研究』第22号。

原直史（2000）「松前問屋」、吉田伸之編『商いの場と社会』、吉川弘文館。

金森正也（1991）、「安政期の幕府蝦夷地政策と秋田藩」、『日本歴史』1991年8月号。

岩﨑奈緒子（2005）、「蝦夷地・琉球の「近代」」、『日本史講座第7巻　近世の解体』、東京大学出版会。

白鳥圭志（2014）、「産業化から取残された地域における地方資産家の投資行動」、『歴史学研究』第918号、5月。

一次資料

松前伊達林右門家文書、北海道立図書館・北海道大学附属図書館北方資料室蔵。

伊達浅之助文書、三井文庫所蔵。

伊達林右衛門家関係資料、北海道立文書館蔵。

（しらとり・けいし／東北学院大学）

表1　貸借対照表（「幕末維新期における場所請負人の事業活動の変化」）（単位：両）

年次	無尽払込金残高	まじ掛期定損金と前年利益金との差引き(△元損)	貸金・店の差引き尻〆高(a)	(a)%	貸付金(注5)	仕入れ品代金保留高	左%	前年末正金残高	本店へ上納	合計	本家ないし本店よりの借用金	左%	まじ掛期所益金と本家への繰金との差額	入金（所益より金・正金差の引き尻(b)）	預り金(注5)	借用金(注5)	(b)%	合計	利益金	入金-出金(c)	単年の損益(注6)	備考
1801（享和元年）	261	788	3,957	52.9%	0	2,251	30%	228	0	7,486	1,300	47%		1,565	200	350	56.7%	2,760	n.a.	-4,726	n.a.	享和元年。本年のみ1月決算。その他は12月。
1804（文化元年）	178	447	5,749	66.5%	0	1,827	21%	75	0	8,649	437	12%		2,282	120	50	64.1%	3,560	5,254	-5,089	-363	
1805（文化2年）	135	600	5,081	61.5%	0	1,561	19%	50	0	8,259	860	37%		1,461	190	300	62.9%	2,322	5,953	-5,937	-848	
1806（文化3年）	81	475	8,420	80.1%	0	1,486	14%	54	0	10,518	671	19%		2,476	0	150	69.8%	3,548	7,415	-6,970	-1,033	差引き商品売却益840両。
1807（文化4年）	24	0	8,081	85.0%	0	1,304	14%	91	400	9,502	260	11%	593	1,476	100	300	63.3%	2,331	7,182	-7,171	-201	
1808（文化5年）	47	0	10,932	81.4%	15	730	5%	715	0	13,425	1,721	22%	2,345	3,654	100	200	47.3%	7,720	739	-5,705	1,466	
1809（文化6年）	5	0	12,735	88.0%	20	1,669	12%	67	200	14,477	559	6%	6,028	3,183	20	3,000	32.6%	9,772	4,713	-4,705	1,000	破船損金472両。取引先からの受取金985両。
1811（文化8年）	21	0	14,238	91.4%	0	1,274	8%	47	200	15,582	1,000	10%	6,255	2,755	n.a.	400	27.5%	10,010	5,601	-5,572	-867	買置米売却益の増大に伴う利益金の発生。取引先からの受取金100両。
1812（文化9年）	48	0	11,180	82.1%	n.a.	1,281	9%	1,290	0	13,619	0	0%	4,731	2,819	0	n.a.	33.0%	8,536	5,207	-5,083	489	
1813（文化10年）	35	0	8,415	84.2%	20	1,465	15%	24	0	9,995	0	0%	1,866	2,284	0	250	53.7%	4,251	5,790	-5,744	-661	蔵入・有金1530両。1818年4月文政元年に改元。
1814（文化11年）	30	0	15,795	94.4%	100	860	5%	53	0	16,740	4,126	38%		6,744	632	150	62.0%	10,871	5,884	-5,869	-125	
1816（文化13年）	105	0	16,521	94.6%	n.a.	735	4%	98	0	17,459	6,239	39%		9,584	n.a.	233	60.6%	15,824	1,686	-1,635	4,234	
1817（文化14年）	0	0	9,939	91.8%	0	905	8%	521	0	10,825	9,273	52%		8,663	100	n.a.	48.3%	17,927	n.a.	7,102	8,737	
1819（文政2年）	0	0	6,932	75.5%	n.a.	645	7%	52	0	9,180	11,242	72%		4,358	n.a.	n.a.	27.9%	15,600	n.a.	6,420	-682	
1823（文政6年）	0	0	4,795	57.8%	21	1,094	13%	2,380	0	8,290	10,614	64%		6,030	378	600	36.2%	16,645	n.a.	8,355	1,935	
1824（文政7年）	0	0	5,526	65.0%	0	874	10%	2,082	0	8,499	8,743	52%		7,954	n.a.	n.a.	47.6%	16,698	n.a.	8,199	-156	
1826（文政9年）	0	0	9,248	80.6%	n.a.	1,209	11%	1,004	0	11,475	7,970	43%		10,722	n.a.	400	57.4%	18,683	n.a.	7,208	-991	
1827（文政10年）	0	0	7,323	72.9%	0	1,849	18%	856	0	10,051	4,811	30%		11,189	n.a.	n.a.	69.9%	16,001	n.a.	5,950	-1,258	
1828（文政11年）	0	0	6,087	73.6%	0	982	12%	1,178	0	8,274	2,633	19%		11,371	170	0	81.2%	14,004	n.a.	5,730	-220	
1831（天保2年）	0	0	6,264	69.4%	0	1,409	16%	1,348	0	9,023	3,426	22%		12,285	50	0	78.2%	15,712	n.a.	6,689	959	12月、天保元年に改元。
1832（天保3年）	0	0	6,281	71.0%	300	1,265	14%	1,294	0	8,846	4,287	25%		13,001	350	0	75.2%	17,289	n.a.	8,443	1,754	
1833（天保4年）	0	0	5,998	74.0%	0	1,208	15%	881	0	8,101	3,703	20%		14,530	430	800	79.7%	18,234	n.a.	10,133	1,690	
1834（天保5年）	0	0	6,801	70.3%	0	1,699	18%	1,149	0	9,669	4,280	22%		14,875	200	300	77.7%	19,156	n.a.	9,487	-646	
1835（天保6年）	0	0	9,429	79.6%	0	1,203	10%	1,202	0	11,844	5,059	24%		16,456	600	n.a.	76.5%	21,516	n.a.	9,672	185	
1838（天保9年）	0	0	11,127	62.6%	0	1,790	10%	4,845	0	17,785	3,792	11%		29,337	0	0	88.6%	33,130	n.a.	15,345	5,673	
1839（天保10年）	0	0	12,428	62.3%	0	1,602	8%	5,873	0	19,937	3,220	9%		33,096	180	0	91.1%	36,317	n.a.	16,380	1,035	
1840（天保11年）	0	0	12,128	63.7%	75	1,866	10%	4,996	0	19,026	1,300	4%		33,270	20	0	96.2%	34,571	n.a.	15,545	-835	
1842（天保13年）	0	0	16,477	81.1%	0	1,668	8%	2,111	0	20,321	1,409	5%		28,361	65	60	95.3%	29,771	n.a.	9,450	-6,095	
1843（天保14年）	0	0	18,990	80.1%	0	2,652	11%	1,987	0	23,701	2,046	7%		28,111	380	300	93.2%	30,157	n.a.	6,456	-2,994	
1844（弘化元年）	0	0	20,325	82.2%	0	1,833	7%	2,555	0	24,740	1,531	5%		31,075	300	n.a.	95.0%	32,705	n.a.	7,965	1,509	12月に弘化元年に改元。弘化3年。
1846（弘化3年）	0	0	23,015	66.0%	0	4,718	14%	3,392	3,514	34,851	0	0%		41,617	n.a.	600	100.0%	41,617	n.a.	6,766	-1,199	
1847（弘化4年）	0	0	27,215	67.1%	0	4,172	10%	4,898	4,045	40,530	0	0%		45,674	0	0	100.0%	45,674	n.a.	5,144	-1,622	
1848（嘉永元年）	0	0	29,485	67.7%	0	4,238	10%	0	5,750	43,581	0	0%		47,503	0	300	100.0%	47,503	n.a.	3,922	-1,222	2月、嘉永元年に改元。前年末正金残高と思われる使途未記載金3779両あり。
1849（嘉永2年）	0	0	32,857	67.0%	40	4,270	9%	4,056	7,537	49,032	0	0%		52,503	0	0	100.0%	52,503	n.a.	3,471	-451	
1850（嘉永3年）	0	0	29,147	63.6%	0	4,911	11%	4,200	7,046	45,842	0	0%		53,563	75	500	100.0%	53,563	n.a.	7,721	4,250	
1851（嘉永4年）	0	0	30,680	59.7%	375	9,801	19%	2,851	7,772	51,379	0	0%		53,557	516	1,000	100.0%	53,557	n.a.	2,178	-5,543	
1853（嘉永6年）	0	0	30,151	62.7%	20	6,586	14%	2,855	8,229	48,095	0	0%		54,057	0	200	100.0%	54,057	n.a.	5,962	3,784	
1855（安政2年）	0	0	33,216	62.6%	0	6,111	12%	2,758	10,385	53,025	0	0%		72,758	0	0	100.0%	72,758	n.a.	19,733	13,771	
1856（安政3年）	0	0	35,777	65.0%	0	5,006	9%	3,771	9,940	55,077	0	0%		73,590	200	200	100.0%	73,590	n.a.	18,513	-1,220	

出典：「勘定目録」「改正勘定目録」各年より作成。ただし、預金・貸金・借用金は集計値（ただし、25～32頁の表からの集計値（松前藩））。北海道大学附属図書館北方資料室所蔵の原資料と対照。ミスは訂正した。
1) 表示されていない年次は史料欠如。
2) 決算月は1801年の1月を除いて、すべて12月。
3) 単位未満切捨て、0は数値で、n.a.は数値なし。
4) 天保15年度の借入金300両を除く。
5) 天保14年以降、弘化3年までの借入金はすべて役所（松前藩）からのもの。安政3年の借入金は900両、弘化3年の借入金300両を除く。借入金は当該営業年度の新規貸出、フローデータであるので、あくまで参考値。
6) 単年度の損益は、当該年度－前年度で作成。算式の関係から、－が利益、＋が損失。

【論文】

1905 年 7 月、サハリン島ヴラディミロフカ占領戦にともなう義勇兵・住民の虐殺

―「山本大尉作業」の分析を中心に（上）

板橋　政樹

はじめに

　1905年夏のサハリン戦の研究分野においては、近年、日本軍による島の住民やロシア軍将兵の虐殺に関する実態究明が大きく前進をみている。

　代表的な研究に触れる前に、まず1980年代末の大江志乃夫による先駆的研究を振り返っておきたい。大江は、1905年8月30日のナイバ川（内淵川）上流における戦闘の翌日、日本軍がロシア軍の捕虜「百八十名」を「残らず銃殺」した、とする新屋新宅なる一兵士の軍事郵便を紹介していた[1]。新屋の属した第13師団歩兵第49連隊第2大隊第7中隊[2]は、8月中旬以降、「特別之任務」、すなわち「二百余名之山賊的の敗残敵きを殲滅する」ため西海岸の「マヲカ」（真岡）に上陸しこの敵を追撃する任務についており[3]、その帰結がナイバ川上流における戦闘とロシア軍捕虜の虐殺であった。なお大江は、日露戦争中の日本軍が国際法（戦時国際法）を遵守し、ロシア軍捕虜を大量虐殺するような事件はなかったというのが従来の定説であったと述べ、つづいて捕虜虐殺を描く新屋の軍事郵便を引用していた[4]。大江が、言外にナイバ川上流の戦闘後における日本軍の戦時国際法違反を示していたことは疑いない。

　その後、大江の研究に注目した原暉之は、ロシア側には上の捕虜殺害に関する証言や研究が古くから存在すると指摘したうえで、殺害を免れたロシア軍の一兵士、シベリア海兵団の機関兵アルヒプ・マケエンコフの証言史料（「プレヴィチ報告書」）を発掘・紹介し、捕虜となった南サハリンのロシア軍第4パルチザン支隊の将兵たちが受けた被害の全容に迫った[5]。原によれば、マケエンコフの陳述（証言）は、上の新屋の軍事郵便よりも「数倍迫力のある情景描写によって読む者に衝撃を与える」内容をもつものであった[6]。

　マリ・セヴェラは、サハリン島における最大の犠牲者は義勇隊（義勇兵）であった、と述べる[7]。具体的には、すでに原暉之が明らかにしたマケエンコフの証言を引用し、ナイバ川上流における戦闘とその結果としてのロシア軍義勇兵の殺害に触れるとともに、日本軍上陸当時12歳で、サハリン島北部の首邑アレクサンドロフスクに暮らしていた少年の、「日本軍のサハリン侵入がはじまるとすぐ、全義勇兵は射殺され、生存者はなかった」とする直接的証言にも言及している[8]。また、犠牲者は義勇兵にとどまらず民間人、たとえば監獄に避難していた多数の農民や入植者にも及んでいたとする[9]。セヴェラの研究は、義勇兵や住民などの虐殺が、サハリン島の各所で行われた可能性を示唆している。

　天野尚樹は、サハリン戦の初頭、日本軍がサハリン南部のヴラディミロフカを占領した翌日7月11日に、同地近傍のタイガで（約）150名のロシア人男性住民が日本軍により銃殺された事件を描き出した[10]。ここでは、ヴラディミロフカの司祭アレクシー・トロイツキーの証言記録、犠牲者の一部が所属する教会の戸籍簿、第13師団野戦砲兵第19連隊第1大隊第4中隊の一兵士による記録、などの日ロ双方の史料が駆使されている。また天野は、ヴラディミロフカの住民に対する銃殺事件がその後も複数回起きていたことを指摘した[11]。従来、サハリンにおける住民やロシア軍将兵の被害の究明を妨げてきた要因のひとつは、関連史料の不足にあった。天野の研究は、この弱点を補い、少なくともヴラディミロフカ近傍における7月11日の銃殺事件が歴史的事実であることを明証したものといえる。

　なお天野は、サハリン島北中部の首邑ルイコフスコエ村で22名の村民が殺害されたという研究や、南部のトゥナイチャ（富内）湖畔では捕虜となった兵士に加えて従軍看護婦までが生き埋めにされたとする発掘調査の報告を紹介している[12]。いずれもロシア側の研究成果であるが、天野の研究と紹介は、信頼性の高い史料・資料を用いることによって、ロシア人軍民に対する虐待が、ヴラディミロフカ近傍における住民の銃殺やナイバ川上流における戦闘後のロシア軍捕虜の虐殺に局限されず、サハリン島の各地で行われていた可能性をさらに強く示唆している。

　以上の諸研究から明らかなように、1905年夏のサハリン戦に際して、日本軍が住民やロシア軍将兵を虐殺したことは、もはや否定しがたい事実であるといえる。したがって、日露戦争中に日本軍が国際法（戦時国際法）を遵守したとする定説は、少なくともサハリン島の戦場に関するかぎり通用しないことになる。

　つぎに、虐殺の理由や背景がどのように考えられてきたのか、という点に触れておく。

　大江志乃夫は、ナイバ川上流における戦闘の結果ロシア軍捕虜が虐殺された理由を、「一個中隊約二〇〇の兵力で捕虜一八〇を遠路護送するのは困難」であったためであると述べる[13]が、原暉之の指摘のとおりその確証はない[14]。ただし大江は、この虐殺が「中隊単位での単独の作戦行動中」「上級司令部の監視の目がとどかない、時と場所」で起きていたこと、つまり「上からの軍紀の締めつけ」がゆるんだ結果行われた「独断専行」の残虐行為であり、日本軍の常習的な体質が露呈した事件であった、という見方も示していた[15]。

　原暉之は、同じナイバ川上流での戦闘ののち日本軍がロシア軍捕虜を殺害した事件の理由について、この戦闘における日本軍の戦死者のうち川井小隊長はダムダム弾によって命を奪われたとみられ、日本軍は「小隊長以下四名の僚友の無残な戦死に報復し、大量殺害によって怨みを晴らした可能性」がある、と述べる[16]。また、「事件の背景には日本軍兵士の流刑囚や元流刑囚の島民に対する蔑視の空気があった」、と指摘する[17]。なお、原は、サハリンには「当時外国人記者がいなかったため、誰の前でもヒューマニストぶる必要はなかったので、日本人は自分の本性を現したのである」、という宣教師ニコライ（ニコライ大主教）のコメントを引用し、「当をえた指摘である」とする[18]。

　マリ・セヴェラは、日本軍によるサハリンの民間人の虐待を描いたニコライ大主教の日記を引用したのちに、「他の戦場とは違ってサハリンだけには外国人の観察者が、ジャーナリストもあるい

は赤十字の代表者も、ひとりもいなかった」というのが「致命的な事実」であったと述べていた[19]。「外国人の観察者」の不在が日本軍による民間人への虐待を許す要因のひとつになっていた、という指摘であろう。またセヴェラは、サハリン島の武官知事リャプノフ自身が日本軍に囚人の危険性を警告しかつ「囚人たちに遠慮はいらない」との助言をしたといわれている点を考慮するとき、「責任のかなりの部分はロシア軍にある」とも述べていた[20]。セヴェラ自身が挙げた監獄に避難していた農民や入植者の被害事例を想起すれば、犠牲者は囚人や義勇兵にとどまらず民間人つまり一般住民にまで及ぶことになるが、その責任はリャプノフ以下のロシア軍の側にもあるという指摘であろうと推測される。

天野尚樹は、ヴラディミロフカの住民に対する複数回の銃殺、ナイバ川上流における戦闘後のロシア軍捕虜の銃殺に触れたのち、その理由として以下の諸点を挙げていた。

まず、「戦時下のサハリンが情報の孤島と化していたこと」、つまり1905年2月以降、サハリンと大陸間の通信がほぼ途絶してサハリン戦の情報は直接大陸に届かず、また「サハリンの戦場から直接報道する第三国の従軍記者」も存在しなかった点である[21]。つぎに、サハリン側当局自身が、「民間人・捕虜も含め、流刑囚の殺害を容認していた事実がある」という点である[22]。3点目の理由については、天野自身の言葉にゆだねよう。「そもそもこの島を『我々の土地』とみなしていた『日本人』は、空間の境界と人間の境界を実線で重ね合わせ、その基準から外れる異質な人間を文字通り身体ごと排除し、『日本人』による『日本』をこの島に築こうとした。そのための政治的『得策』が『流刑囚』の送還であり、殺害だったのである」[23]。

以上、1905年夏のサハリン戦において、日本軍が行った虐殺の理由や背景に関する各論者の見解を概観してきたが、いずれも基本的に首肯できるものである。

ところで、本稿が主たる考察対象とする「三十九年山本大尉作業」(以下、特に必要のないかぎり「山本大尉作業」)は、国際法学者有賀長雄がその著書『日露陸戦国際法論』に載録・引用していたもので、約700字からなる短文のリポートである[24]。「山本大尉作業」は、第2節で述べるように日本軍によるサハリン島の住民やロシア軍義勇兵の「死刑」処分、具体的には1905年7月10日のヴラディミロフカの占領戦で捕獲された義勇兵や住民の大半に対する「死刑」処分を描く重要史料のひとつであるが、日ロ双方の公式戦史[25]にはこの処分に関する言及は皆無である。もっとも、同作業と「死刑」処分に触れた論考は少数ながら存在する[26]。

しかし、「山本大尉作業」の作成者の特定を試みる研究や、同作業中のヴラディミロフカ占領戦の経過に関する記述を分析した論考は見あたらない(同地占領戦の経過については別稿で論じる予定)。また「山本大尉作業」は、やはり第2節で触れるとおり上の占領戦で日本軍に抗敵し捕獲された義勇兵と住民の義勇兵としての交戦者資格について具体的な記述をもち、かつ第3節で触れるように彼らの大半の群民兵としての交戦者資格について記しているが、それらの内容が妥当であるか否かを当時の戦時国際法に照らして分析・検討した論考もない。さらに、同作業と他の関連史料との比較研究も十分ではない。つまり、「山本大尉作業」を何らかの論証の根拠として用いるには、その前提としてなお多くの史料批判を加えておく必要が残されている、といえるのである。

本稿では、おおむね上に挙げた諸点に沿って「山本大尉作業」の史料批判を行いつつ、交戦者資

格や害敵手段の規定など日露戦争期の戦時国際法の一端を明らかにしていくこととしたい。また、同作業の描く1905年7月10日のヴラディミロフカ占領戦にともなう「死刑」処分についても、法的側面から再検討を加えていきたい。なお、以下の引用文・引用史料中の〔　〕内は、板橋による注、補足である。

1、「山本大尉作業」の作成者について

　さて、「はじめに」で触れた有賀長雄は、「山本大尉作業」の引用に先立って、「茲ニ重要ナル一事ハ、陸戦ノ法規慣例ノ実際ニ於テ、時トシテ義勇団ノ海牙規則第一条ニ於ケル四箇条件ヲ守ラザル者ト、未ダ占領セラレザル地方ノ住民ノ兵器ヲ操リテ戦ヒ同規則第二条ニ依リ交戦者ト視做スベキモノトノ間ニ分界ヲ立ツルノ困難ナルコト是レナリ」[27]、と指摘する。つまり、「陸戦ノ法規慣例」を実際に適用するに際しては、義勇兵のうち「海牙規則」すなわち1899年7月に第1回ハーグ平和会議で調印された「陸戦ノ法規慣例ニ関スル条約」の付属書「陸戦ノ法規慣例ニ関スル規則」（以下、「ハーグ陸戦規則」）第1条の4条件（次節で触れる）に違反した者（民兵・義勇兵は、4条件のすべてを満たさないかぎり交戦者として認められない）と、同じ「ハーグ陸戦規則」の第2条により交戦者と見なすべき「住民」（いわゆる群民兵）との区別が困難な場合がある、というわけである。「山本大尉作業」は、その実例として載録されていた（もっとも同作業では、義勇兵としての交戦者資格を否定された者に、群民兵としての交戦者資格が認められるか否か、という問題設定になっている）。

　ちなみに、有賀によれば、交戦者は「戦列軍隊ノ人員及其ノ予備員」からなる「正則交戦者」と、「軍隊〔正規軍〕ノ編制ニ属セザル」義勇兵や「群民起闘」の人員（群民兵）からなる「不規則又ハ補助交戦者」と称すべき者に分かれ、正則交戦者はさらに「小銃及其ノ他敵ヲ殺傷スルコトヲ目的トスル武器ヲ以テ直接ニ殺人ノ行為ヲ為スコトニ使用」する戦闘員と、正当防衛のために帯剣するだけで戦闘には参与しない「軍医、薬剤員、経理部員、軍政委員及書記、通訳官、外交官及其ノ他ノ文官ニシテ軍隊ノ編成ニ属スル者」からなる非戦闘員とに分かれる[28]。本稿では、原則としてこの分類にしたがって、交戦者と非交戦者の語を使用していくこととする。なお、非戦闘員の語を一般住民の意味で使用する例が少なくないが、上の分類では一般住民は非交戦者となり、非戦闘員はあくまでも交戦者の範疇に包摂されるものであることを確認しておきたい。

　さて有賀は、自身が1906（明治39）年に陸軍大学校で国際法を教授した際、受講した「将校学生中」に「一大尉」がおり、この大尉が「曾テ樺太軍ニ在リテ、『ウラジミロフカ』〔ヴラディミロフカ〕ノ占領ニ参加シ、其ノ自ラ実験シタル所ニ付、左ノ作業ヲ提出シタリ」[29]、と記す。「左ノ作業」とは「三十九年山本大尉作業」にほかならず、有賀が「山本大尉」をリポート（「作業」）の提出者にして作成者でもあると見なしていたことは、疑いをいれない。

　ところで、有賀は『日露陸戦国際法論』の執筆にあたって、参謀本部戦史部にある「材料〔史料・資料〕」に依拠し、「凡ソ野戦軍ニ係ル公文書類ハ最モ秘密ニ属シタルモノマテモ閲覧スルコトヲ得タリ」と述べ[30]、また、「公文以外ニ自己ノ実験ヲ録」すことも少なくなかった「旅順開城及其ノ整理」にかかわる部分を除けば、「明治三十七八年戦役戦史部ヨリ得タル事実ハ勿論、其ノ他ノ方面ヨリ得タル事実」に関しても必ず「出処」を明示したと記す[31]。事実、同書の全編にわたって引

用史料の多くは陸軍と外務省関係の「公文」の類からなっており、有賀の示す「出処」を手掛かりにこれらの史料の原史料やその現今の所蔵先を探りあてることも困難ではない。これに比して、「山本大尉作業」は、有賀のいう「公文」に該当しないのみならず、管見のかぎりでは原史料として現存するか否かについても不明である。

　いずれにせよ、以下では、「曾テ樺太軍」に在籍してヴラディミロフカの占領戦に参加し、みずからの実体験をリポート化したとされる、陸軍大学校「将校学生中」の「山本大尉」の特定を試みたい。

　1906年当時、陸軍大学校在学生は第18期から20期の3学年である[32]が、そのうち山本姓の将校学生は、第18期（1906年卒業）の山本宜一歩兵大尉（卒業時階級）と第20期（1908年卒業）の山本鶴一歩兵大尉（卒業時階級）のふたりにかぎられる[33]。これら3学年の在学生は、いずれも日露戦争勃発にともない、1904年2月9日に原隊復帰を命じられ、戦後の1906年3月20日に陸大復学、上の山本宜一大尉を含む最終学年の第18期生は、同年11月28日に卒業の運びとなった[34]。ちなみに、1907年制定の「陸軍大学校教育綱領」によれば、「陸戦ニ関スル法規慣例」および「海戦ニ関スル法規慣例」からなる「戦時公法」すなわち戦時国際法は、「平時公法ノ大要」などとともに最終学年の「第三学年ニ於テ教授スヘキモノ」とされていた[35]。前年の1906年時点においても同様の要領で国際法講義が行われていたとすれば、「山本大尉作業」の作成・提出者は第18期（第3学年）の山本宜一歩兵大尉となるが、確証はえられない。ともあれ、有賀がリポート名を「山本大尉作業」と記している以上、陸大在学中のふたりの「山本大尉」のうちいずれかが同作業の作成・提出者であった、と判断するのが妥当であろう。

　1905年7月10日当日、ヴラディミロフカの占領に直接的に携わった部隊は、夜半に同地に到着したとされる工兵中隊を除き、すべて歩兵第49連隊に属していた[36]。また、前述のようにふたりの「山本大尉」はともに歩兵将校であった。これらの点から、歩兵第49連隊の将校のなかに「山本大尉」の名を見いだすことができれば、特定作業はほぼ完結するはずである。

　『歩兵第四十九聯隊史　全』は、サハリン島への「出征部隊幹部」として、連隊長・副官・旗手（少尉）の3名からなる連隊本部をはじめ、それぞれ大隊長・副官・軍医（2名）・尉官相当の主計（第2大隊は曹長相当の1等計手）の5名からなる第1〜3大隊（本部）、それぞれ中隊長・小隊長（3名）の4名からなる第1〜12中隊の中枢、計66名の幹部名を挙げ、ここから各大隊付きの軍医と主計・計手9名を除けば歩兵将校57名が残るが、そこに山本姓の将校は皆無である[37]。ヴラディミロフカ占領の直接的な実行部隊ではないが、南サハリンに上陸した日本軍の主力をなす歩兵第25旅団のいまひとつの歩兵連隊、すなわち歩兵第50連隊の「出征部隊幹部」中にも山本姓の将校は見いだせない[38]。さらに、旅団司令部にまで検索の範囲を広げても結果は同じであった。ちなみに、第25旅団司令部を構成する将官・士官は、少将1名、大尉1名、中尉または少尉のうちいずれか1名の合計3名であった[39]が、個人名を特定すれば、旅団長竹内正策少将[40]、後述する旅団副官渡辺金造歩兵大尉、岸歩兵中尉[41]であった。

　以上の検索の結果、1906年当時、陸軍大学校において有賀長雄の国際法講義を受講した可能性のあるふたりの「山本大尉」には、いずれも有賀の述べる「曾テ樺太軍ニ在リテ、『ウラジミロフ

カ』ノ占領ニ参加シ」たという軍歴がなかった、と判断できる。つまり、両「山本大尉」には、「山本大尉作業」の作成者としての、もっとも基本的な要件が欠けていたのである。

　　したがって、ヴラディミロフカ占領戦を「実験」しこれをリポート化して有賀に提出した別の人物、つまり「山本大尉作業」の真の作成・提出者が存在することになる。つぎにこの人物を探っていくこととするが、そこでは、有賀やふたりの「山本大尉」が同時期に交わりをもった陸軍大学校の在学生を対象とすることが、優先されてしかるべきであろう。

　　上の陸大在学生のなかでもっとも注目される人物は、第25旅団副官として南サハリンの戦場に臨んだ渡辺金造歩兵大尉である。

　　1905年7月15日、第25旅団長にして「南部樺太占領軍司令官」たる竹内正策からの「勧降書」に応えて、南サハリンのロシア軍司令官「アルチシエフスキー〔アルツィシェフスキー〕」陸軍大佐は軍使「プラーソロフ」2等大尉を派遣、同大尉は日本軍により「面縛」を施されて「晴氣町〔ヴラディミロフカ〕占領軍司令部ニ導」かれた、同日午後、両軍の降伏交渉が占領軍（第25旅団）司令部においてもたれた、その場に列席して参謀吉江石之助、民政顧問野村基信領事とともに交渉にあたったのが、副官渡辺金造（大尉）であった[42]。しかも、同大尉は陸軍大学校第18期生、すなわち前述のふたりの「山本大尉」のうち、山本宜一大尉の同期生にほかならなかった[43]。

　　有賀長雄は、すでに触れた『日露陸戦国際法論』のなかで上のヴラディミロフカにおける降伏交渉に言及していた[44]。有賀はさらに、この交渉に先立つ7月8日、同14日の2度にわたって竹内正策少将からアルツィシェフスキー大佐に発せられた「勧降書」の日本語訳の全文を引用するが、有賀によれば、これら2回の「勧降書」のうち7月8日作成のそれは「陸軍大学校明治四十年卒業渡辺大尉作業」であり、7月14日作成のそれ（「第二ノ勧降書」）は「渡辺大尉作業」であった[45]。ふたつの作業の作成者「渡辺大尉」は、同一人物であると判断される。

　　ところで、防衛省防衛研究所所蔵の「樺太『コルサコフ』州露国軍指揮官大佐『アルチシエフスキー』以下将校准士官九名下士以下百八十二名投降始末」には、7月14日付けで、「南部樺太占領軍司令官竹内正策」から「露西亜帝国ノ陸軍大佐『アルチシエフスキー』君貴下」に宛てられた「別紙第一号ノ勧降書」が邦文で引用されている[46]。この「別紙第一号ノ勧降書」は、有賀の引用した「渡辺大尉作業」による2回の「勧降書」のうち7月14日作成の「第二ノ勧降書」の日本語訳文とほとんど同一の文面をもち、同じ7月14日の日付けをもつふたつの「勧降書」が共通のロシア語原史料に基づくものであることを強くうかがわせる。また、両者の文面の同一性の高さから、「渡辺大尉」がきわめて正確に「勧降書」を復元していたこともわかる。このような復元が可能な人物は、南サハリンのロシア軍との降伏交渉にあたった第25旅団の中枢をおいてほかには考えにくく、したがって、「渡辺大尉」が前述の第25旅団副官渡辺金造大尉である可能性はきわめて高い。

　　ただし問題は、有賀が「渡辺大尉」を陸大明治40年卒業とする点である。同年卒業生は陸大第19期学生にあたる[47]が、ここに渡辺姓の将校学生は存在しない[48]。また、前述のとおり日露戦争終結後の1906年3月20日に陸大に復学したのは第18〜20期の学生であったが、そのなかで渡辺姓の学生はともに第18期の歩兵大尉渡辺金造と工兵大尉渡辺保治の2名にかぎられる[49]。有賀は、明らかに「渡辺大尉」の卒業年を誤認していた。

　以上の考察から、「渡辺大尉」が渡辺金造歩兵大尉であることは確実となった。また、同大尉が第25旅団の副官として、南サハリンにおける戦闘の全局を掌握する立場にあったことを想起すれば、その情報の価値は質量ともに他を圧していたと考えられる。つまり、「山本大尉作業」が作成・提出された1906年当時の陸軍大学校には、南サハリンでの戦闘に関する情報提供者として、渡辺金造大尉以上の適任者は存在しなかったといえる。同大尉は、前述のように山本宜一大尉と陸大同期であった。したがって、陸大復学を果たした1906年に、両大尉が机を並べて有賀長雄の国際法講義を受講していた場面も十分に想定できる。有賀が、渡辺大尉を山本大尉と取り違え、本来「渡辺大尉作業」とすべき将校学生のリポートを「山本大尉作業」と誤認・誤記した可能性はないと断言できるであろうか。

　いずれにせよ、渡辺金造大尉が、1906年に陸大の在学生（第18期生、第3学年）であり、1905年には第25旅団の副官として南サハリンの戦場に臨み、その立場からヴラディミロフカ占領戦を「自ラ実験」していたことは確かである。つまり、渡辺金造大尉は、有賀が示した「山本大尉作業」の作成・提出者としての属性を、渡辺姓という一点を除いて、ほぼすべて備えていたわけである。同大尉は、「山本大尉作業」の真の作成・提出者として、もっとも有力な候補であることを指摘しておきたい。

　つぎに、そもそも「山本大尉作業」を載録した有賀長雄の『日露陸戦国際法論』の成り立ちについて、若干触れておく。

　有賀の「自序」によれば、満洲軍総司令部付きの国際法事務嘱託として日露戦争に従軍した際に、日露戦争の「文明戦争タルノ性質」を全世界に向かって証明するため、この戦争に関する国際法（戦時国際法）上の著述をなすことを建議し、凱旋から約2年を経て終了した「編纂ノ業」を参謀本部内の第四部（戦史編纂などを分掌）に提出、以降有賀自身の「意見ト参謀本部第四部ノ意見ト全ク一致スルニ至ルヲ待テ」同書発行の運びとなった[50]、とある。ちなみに、発行年は戦争終結から6年後の1911年であり、参謀本部編纂の『日露戦史』のうち第13篇「樺太ノ占領」を含む第10巻が発行された1914年に先行すること3年である。

　上の「自序」からは、まず『日露陸戦国際法論』が日露戦争を当時の戦時国際法に照らして分析した著作であった、という点を確認できる。また、同書は、全編にわたって有賀と参謀本部第四部との意見の一致をみたうえで刊行されており、第四部お墨付きの、いわば準官撰の「戦時国際法から見た日露戦争の注釈書」であった。したがって、同書に載録された多数の戦闘事例やそれらに対する法的解釈は、有賀と第四部が個々の戦闘の「事実」として認定し、評価を下したものにほかならなかった。同時に、この認定や評価が公表に支障なしと判断されたうえでの結論であったことも、容易に想像がつく。もちろん、つぎに全文を引用する「山本大尉作業」もその例外ではない。

2、「山本大尉作業」と義勇兵の交戦者資格に関する認識

　　樺太南部占領軍ノ明治三十八年七月十日夕「ウラジミロフカ」ヲ占領スルヤ、歩兵第四十九連隊第二大隊ノ一部ハ、夜ニ入リ村落内ニ進入セシニ、土民ノ服装シタルモノ数百名武器ヲ操リテ我レヲ包囲セリ。此ノ大隊ハ他ノ部隊ノ援助ヲ得テ、土民ヲ撃攘シテ、百五六十名ヲ

捕獲セリ。此等ノ者ハ義勇兵アリ、土民アリ、何レモ正規定制ノ服装ヲ為サズ。之ヲ指揮スル頭目ナク、猟銃、小銃、拳銃、棍棒、斧鉞其ノ他雑多ノ兇器ヲ以テ我レニ抗シ其ノ義勇兵タルト土民タルヲ区別スルコト難シ。且其ノ義勇兵ト自称スル者モ、多クハ囚徒ニシテ、抵抗当時ニハ一定ノ服装徽章ヲ有セズ。故ニ義勇兵タルヲ證明スルモノナシ。我カ軍ガ捕獲セシモノノ中ニ、我レニ抵抗シ且逃走ヲ企テントスル者アリシヲ以テ、取調ノ上百二十名計リヲ死刑ニ処シタリ。

以上我カ軍ノ処置ハ、此ノ敵兵ヲ交戦者ト認メズ、罪人トシテ取扱ヒシモノナリ。陸　　戦条規第一条ノ交戦者ノ資格ヲ具備セザルモノナルヤ疑ナシ。然リト雖同第二条ニ、未タ占領セラレザル地方ノ人民ニシテ、敵ノ接近スルニ方リ云々ノ条項ニ依リ之ヲ交戦者ト認ムヘキヤ否ヤ。元来樺太ニハ囚徒アリ。其ノ外浮浪ノ暴民アリ。真意愛国ノ熱情ヨリ相団結シ、自然武器ヲ操リテ戦フカ如キ者ト同一視スルヲ得ズ。又義勇兵ト称スル者トテモ、囚徒若クハ無頼者ト其ノ資格殆ント相同シク、戦闘ノ法規慣例ヲ知ラズ、又之ヲ遵守シ得ルノ資格ヲ具備セサルモノト認メ之ヲ交戦者ト看做サザリシハ適当ノ処置ナルヘシ[51]。

上の「山本大尉作業」のなかで「山本大尉」（あるいは渡辺大尉。以下、原則として「山本大尉」に統一）は、1905年7月10日のヴラディミロフカの戦闘において捕獲した義勇兵と土民150、60名のうち、「我レニ抵抗シ且逃走ヲ企テントスル者アリシヲ以テ、取調ノ上百二十名計リヲ死刑ニ処シタリ」と明言していた。処刑率は、実に約75％から80％に及ぶ。ついで「山本大尉」は、「以上我カ軍ノ処置ハ、此ノ敵兵ヲ交戦者ト認メズ、罪人トシテ取扱ヒシモノナリ」と述べていた。ここでは、事実上、上の「死刑」処分の合法性が主張されている。その裏付けのために、同大尉は、義勇兵と土民の交戦者資格を否定する作業に一定の紙幅を費やしている。この作業は、義勇兵としての交戦者資格の否定と、群民兵としてのそれの否定の2段階に分かれる。

なお、日本軍の南サハリン上陸直前の同地のロシア軍の総兵力は約1300人を数えるが、このうち義勇兵は、騎馬義勇兵86人やベッカレヴィチの騎馬義勇隊50人さらにビリチの部隊30人を加えれば少なくとも876人となり、総兵力に占める割合が約70％に及ぶことを指摘しておく[52]。

さて本節ではまず、1899年の第1回ハーグ平和会議で調印された「ハーグ陸戦規則」の第1条を引用し、その後に「山本大尉作業」のなかから義勇兵の交戦者資格にかかわる記述を摘記して、両者を比較・照合してみたい。

戦闘ノ法規及権利義務ハ独リ之ヲ軍ニ適用スルノミナラス左記ノ条件ヲ具備スル所ノ民兵及義勇兵団ニモ亦之ヲ適用ス
　　第一　部下ノ為ニ責任ヲ負フ者其ノ頭ニアルコト
　　第二　遠方ヨリ看別シ得ヘキ固著徽章ヲ有スルコト
　　第三　公然武器ヲ携帯スルコト
　　第四　其ノ動作ニ於テ戦闘ノ法規慣例ヲ遵守スルコト
民兵又ハ義勇兵団ヲ以テ軍ノ全部又ハ一部ヲ組織スル国ニ於テハ之ヲ軍ノ名目中ニ包含ス[53]

　「山本大尉作業」の前段は、捕獲された義勇兵と土民とが、①いずれも「正規定制ノ服装」をなしていなかったこと、②彼らを「指揮スル頭目」がいなかったこと、③彼らが「猟銃、小銃、拳銃、棍棒、斧鉞其ノ他雑多ノ兇器」をもって日本軍に抵抗したことの3点を挙げたうえで、「其ノ義勇兵タル土民タルヲ区別スルコト」が困難であったと記す。文脈上は、この記述の根拠として①、②、③が提示されている。しかし、後に触れるように、②、③は同時に義勇兵としての交戦者資格を否定する論拠として用いられていると考えられる。つづいて同作業は、彼らのうち義勇兵を自称する者も多くは囚徒(なお、囚徒とは、「刑務所につながれている者」(『広辞苑』第6版)を指し、次節で触れる流刑苦役囚にほぼ相当する)であり、④「抵抗当時ニハ一定ノ服装徽章ヲ有セズ」、それゆえ義勇兵たる証左を見いだせないとする。

　上に述べたように、①～③は、直接、義勇兵としての交戦者資格を認めがたい論拠として挙げられているわけではない。しかし、②はその文言からして、明らかに「ハーグ陸戦規則」第1条の第1条件「部下ノ為ニ責任ヲ負フ者其ノ頭ニアルコト」を踏まえている。

　④は、「一定ノ服装」の文字を除けば、第2条件「遠方ヨリ看別シ得ヘキ固著徽章ヲ有スルコト」にほぼ照応する。ただし①の「正規定制ノ服装」をなしていなかったことは、そもそも「ハーグ陸戦規則」第1条には規定がなく、義勇兵の交戦者資格の認否を分かつ基準とはなりえない[54]。

　「山本大尉作業」の後段の末尾は、⑤義勇兵と称する者も囚徒もしくは無頼の徒とほとんど同類であり、「戦闘ノ法規慣例ヲ知ラズ、又之ヲ遵守シ得ルノ資格ヲ具備セサルモノト認メ之ヲ交戦者ト看做サザリシハ適当ナ処置ナルヘシ」、と締めくくる。⑤もまたその文言からすれば、第4条件「其ノ動作ニ於テ戦闘ノ法規慣例ヲ遵守スルコト」を踏まえていると判断される。

　③、すなわちヴラディミロフカで捕獲された義勇兵と土民が「猟銃、小銃、拳銃、棍棒、斧鉞其ノ他雑多ノ兇器」をもって日本軍に抵抗したとされる点は、第3条件「公然武器ヲ携帯スルコト」に関連している。ここで興味深いのは、第3条件に対する有賀長雄の解釈である。以下に、有賀の著書『日露陸戦国際法論』から該当する個所を選び要約しておく。

　1905年2月、営口(遼寧省)で「在留日本人」が、ミスチェンコ将軍率いるロシア軍「騎兵集団」の襲撃に備えるため、「義勇兵」に組織された。しかし、この「義勇団」は徽章をもたず、また小銃不足のため一隊は「海牙規則ノ第一条ノ所謂公然携帯ノ武器ニ非ザル」拳銃で武装していた(下線は板橋)。これらの点から、営口の日本人居留民を「義勇団」と見なすことは法律上困難である。ただし、彼らを「ハーグ陸戦規則」の「第二条ニ指示シタル群民起闘」の事例と考えれば、「総ベテノ故障ハ消散」するであろう[55](つまり、日本人居留民は拳銃で武装していた一隊を含め群民兵として交戦者資格を認められよう、の意と解される)。

　要約文の主旨は、営口で編成された日本人居留民の「義勇団」をむしろ「群民起闘」(群民兵)の事例と見なすべきである、ということにあった。しかし、ここで注目されるのは、有賀がハーグ陸戦規則第1条の第3条件「公然武器ヲ携帯スルコト」を、「公然携帯ノ武器」と言い換えていた点である。これは単なる言い換えにとどまり、意味の差異は生じないであろうか。

　要約文の下線部からは、有賀が「公然携帯ノ武器」を「公然と携帯すべき武器」の意味で用い、またこれに該当する武器を小銃であると見なしていたことが読みとれる。つまり有賀は、民兵およ

び義勇兵には、第3条件によって特定の武器すなわち小銃の携帯が義務づけられている、と解釈していた。この第3条件のフランス語文は、de porter les armes ouvertement et であり[56]、その訳を試みれば「公然と武器を携帯していること」（接続詞 et の訳は省略）となる。しかし、そこに「公然と携帯すべき武器」という意味を含ませることはできない。副詞 ouvertement（公然と、隠さずに）が修飾しているのは不定詞 porter（動詞としての意味は「携帯している」）であるが、porter は目的語 armes（武器、兵器）の不定詞として機能しているにすぎず、de porter les armes のなかに「携帯すべき武器」という修飾関係は成り立ちえないからである。したがって、第3条件が求めるところは、民兵あるいは義勇兵が「公然と武器を携帯している」という携帯の態様にかぎられていた、つまりこれによって彼らが交戦する意思をもつ者であると明示することであった。

　もとより、民兵および義勇兵は（正規兵も同様であるが）、いかなる武器であっても公然たる態様であるかぎりその携帯を許されていたというわけではない。日露戦争当時の戦時国際法は、ダムダム弾をはじめとする使用禁止兵器を定めており、これに該当する武器の携帯はもちろん許されない。ちなみに、日露戦争当時、戦時国際法が使用を禁止する兵器（狭義の害敵手段）は、つぎのとおりである。まず、1899年の第1回ハーグ平和会議で調印された諸宣言で禁止された、「窒息セシムヘキ瓦斯又ハ有毒質ノ瓦斯ヲ散布スルヲ唯一ノ目的トスル投射物」[57]、「外包硬固ナル弾丸ニシテ其ノ外包中心ノ全部ヲ蓋包セス若ハ其ノ外包ニ截刻ヲ施シタルモノノ如キ人体内ニ入テ容易ニ開展シ又ハ扁平ト為ルヘキ弾丸〔ダムダム弾〕」[58]、「軽気球上ヨリ又ハ之ニ類似シタル新ナル他ノ方法ニ依リ」投下する「投射物及爆裂物」[59]、つぎに、「ハーグ陸戦規則」第22条「交戦者ハ害敵手段ノ選択上無限ノ権利ヲ有スルコトナシ」を受けて、同第23条が「特別ノ条約ヲ以テ定メタル禁止ノ外特ニ禁止スルモノ」として挙げた7項目のうち、「毒又ハ毒ヲ施シタル兵器」、「無益ノ苦痛ヲ与フヘキ兵器弾丸其ノ他ノ物質」[60]、以上である。

　なお、近代戦における歩兵の基本武器が小銃であった点からすれば、有賀のように民兵と義勇兵が携帯すべき武器は小銃であると解釈することの妥当性も否定しきれない。反面、第3条件に武器の種類を特定する規定が一切見いだせない点からすれば、小銃を携帯せずとも他の武器での武装が許されるものであった、という解釈も可能である。民兵と義勇兵が携帯する基本武器の種類に関しては、小銃に限定されていたのか否か、なお検討の余地を残しているといえよう。

　さて、「山本大尉作業」が、陸大で有賀の国際法講義を受けた将校学生のリポートであったことを想起すれば、前述の③が上の第3条件に対する有賀の解釈に影響された可能性は高い。とすれば、同作業が列挙する「猟銃、小銃、拳銃、棍棒、斧鉞其ノ他雑多ノ兇器」で武装し捕獲された150、60名のヴラディミロフカの義勇兵と土民のうち、小銃を携帯していなかった者は、必然的に第3条件違反に問われ義勇兵としての交戦者資格を失うことになる。

　以上、「山本大尉作業」のなかから、義勇兵の交戦者資格にかかわる記述①〜⑤を分析してきたが、同作業は、②、④を挙げて直接的に第1、第2条件違反を、また③、⑤によって実質的に第3、第4条件違反を指摘していた、と結論できる。

　要するに「山本大尉作業」においては、「ハーグ陸戦規則」第1条の規定する義勇兵としての交戦者資格認定条件は、少なくとも捕獲された義勇兵と土民に関するかぎりことごとく否定されていた

ことになる。

3、「山本大尉作業」と群民兵の交戦者資格に関する認識

しかし、仮に「ハーグ陸戦規則」第1条の違反が立証できたとしても、それが捕獲された150、60名の義勇兵と土民、とりわけ「死刑」に処された約120名の義勇兵と土民（以下、「敵兵」）の交戦者資格を完全に否定することに直結するわけではない。「敵兵」にはなお同規則第2条が適用され、群民兵として交戦者たることを認定される可能性が残るからである。この点について、「山本大尉」は以下のように述べる。

まず、処刑した約120名の「敵兵」に「ハーグ陸戦規則」第1条の規定する義勇兵としての交戦者資格がないことは疑いないと強調したうえで、はたして彼らを同規則第2条の規定する交戦者すなわち群民兵として認めうるか否かと問う。ついで、元来「樺太」には囚徒やそのほか浮浪の暴民がおり、このような者たちを「真意愛国ノ熱情ヨリ相団結シ、自然武器ヲ操リテ戦フカ如キ者ト同一視スルヲ得ズ」と断じる。

この断定からは、「山本大尉」が、「真意愛国ノ熱情ヨリ相団結シ、自然武器ヲ操リテ戦フ」者を群民兵と見なしていたこと、および「敵兵」の群民兵としての交戦者資格を否定し去っていたことが判明する。

要するに、同大尉は、サハリン島の住民一般を囚徒や浮浪の暴民であるかのように断じ、処刑された約120名の「敵兵」もまた同様であるから、彼らを群民兵と認めることはできないとする。しかし、この論法にはいくつか検討すべき点が存在する。

第1に、処刑された者たちを含め、あたかも20世紀初頭の島の住民一般が囚徒と浮浪の暴民からなっているかのように断じていた点である。

マリーナ・イシチェンコによれば、19世紀後半から20世紀初頭にかけて、サハリンでは流刑入植囚や流刑上がり農民（流刑農民）および自由民が増加した結果、島は非囚人的な性格を急速に強めていた[61]。より具体的には、日露戦争の直前1902年には、約37000人弱のサハリン島の人口のうち、流刑苦役囚は15.5％にとどまり、ほかは流刑入植囚27.0％、流刑上がり農民23.8％，流刑囚の家族26.6％、文官・武官・その家族5.4％、その他の自由民1.8％という構成になっていた[62]。サハリン戦当時の住民の約85％が、囚徒つまり流刑苦役囚以外で占められていたのである。

したがって、「山本大尉」が、非囚人的な性格を強めた20世紀初頭のサハリン島の住民一般を囚徒と浮浪の暴民であるかのように断じていた点は、誤謬であり偏見である。同大尉が、この断定を処刑された約120名の「敵兵」にも機械的に適用し、彼らを群民兵と認めがたいとする論法はすでに破綻していた。

なお、確かにサハリン島の義勇兵には、流刑苦役囚のうち改悛の部類にある者が含まれていたが、それ以外にも、自由身分の者からの志願者、流刑農民（流刑上がり農民）、流刑入植囚が存在していた[63]。これらの義勇兵のうち、囚徒にあたるのは流刑苦役囚にかぎられる。他方、流刑入植囚は、流刑苦役囚としての刑期を終え入植地で農業などに従事する者で、なおさまざまな制約はあるものの住民間ではもはや卑しい身分とは見なされず、「彼らの自意識においても実際の生活においても、

農民や自由民とほぼ変わるところ」のない者たちであり、また流刑農民は、「『流刑囚に関する規定』でも流刑囚とはもはやみなされず、一般法の下で統治され」、かつ移動の自由もかなり認められていた[64]、つまり自由身分により近い存在であった。

　第2に、群民兵が「自然武器ヲ操リテ戦フ」ことの前提として、「真意愛国ノ熱情ヨリ相団結」することを挙げていた点である。

　1899年の第1回ハーグ平和会議の席上、「徴兵制度ニ依リ大兵ヲ有スル国、就中独逸」が「ハーグ陸戦規則」第2条の不要論を唱えたことに対して、小国はことごとく「国家ハ必ズシモ徴兵制度ニ依リ大兵ヲ養フ義務アルニ非ズ。故ニ一旦緩急アルトキ、国民奮起シテ祖国ノ為ニ防戦スルハ其ノ自由ナラザルベカラズ」とし、同条の必要性を主張していた[65]。この点を踏まえれば、国家の論理、とりわけ小国の論理としては、群民兵の抗敵行為は愛国心に発するものと位置づけられることになる。そのかぎりで、「山本大尉」が上の前提を挙げていたことには妥当性がある。

　しかし、後に掲げる「ハーグ陸戦規則」第2条は、フランス語文、日本語公式訳、私訳のいずれもこのような前提を規定していない。つまり、未占領地域の住民が自発的に武器をとって侵入軍隊に抵抗する場合、その動機のいかんについては、「真意愛国ノ熱情」であれ、あるいは自身の家族や帰属する地域への義務感であれ、第2条の直接問うところではなかったのである。また、そもそも、彼ら個々人の内面の動機を確認するに有効な手立てがあったとは考えがたい。戦闘中や戦闘後に確認できるのは、抗敵行為自体によって示された群民兵の自発性（抗敵の意思）だけである。いずれにせよ、「山本大尉」が群民兵の抗敵行為の動機を愛国心にのみ求めることについては、その妥当性をあらためて問いなおす必要があるといえよう。

　さて、すでに前節でみたように、「ハーグ陸戦規則」第1条は民兵と義勇兵の交戦者資格認定条件を4点に分けて明示しており、何をもって認定条件とするのかを争う余地はない。対して同規則第2条の場合、その日本語公式訳の後述のような不備もあって群民兵の交戦者資格認定条件を特定することは必ずしも容易ではない。そこでつぎに、第2条のフランス語文（以下、仏文）と日本語公式訳（以下、公式訳）、および私訳（構文を明確にするため、あえて直訳とした）を提示し、群民兵の認定条件として何が要求されているのかを探っていきたい。

　　仏文

　　　La population d'un territoire non occupé qui, a l'approche de l'ennemi, prend spontanément les armes pour combattre les troupes d'invasion sans avoir eu le temps de s'organiser conformément à l'article premier, sera considérée comme belligérante si elle respecte les lois et coutumes de la guerre[66].

　　公式訳
　　未タ占領セラレサル地方ノ人民ニシテ敵ノ接近スルニ方リ第一条ニ遵テ編成スルノ遑ナク自然武器ヲ操リテ侵入軍隊ニ抗敵スル者ニシテ戦闘ノ法規慣例ヲ遵守スル者ハ交戦者ト看做スヘシ[67]

　私訳

　　敵の接近するにあたり、第1条により自らを編成する遑なく、自発的に武器をとり侵入軍隊に抗敵するところの、いまだ占領せられざる地域の住民は、戦争の法規慣例を遵守するとき交戦者と見なされる。

　前述のように、「山本大尉」は、「真意愛国ノ熱情ヨリ相団結シ、自然武器ヲ操リテ戦フ」者を群民兵と見なしていたが、この引用のうち「自然武器ヲ操リテ戦フ」の部分が群民兵の交戦者資格認定条件にあたるのであろうか。

　公式訳では、「未タ占領セラレサル地方ノ人民ニシテ敵ノ接近スルニ方リ第一条ニ遵テ編成スルノ遑ナク自然武器ヲ操リテ侵入軍隊ニ抗敵スル者ニシテ戦闘ノ法規慣例ヲ遵守スル者ハ」までが主部をなし、「交戦者ト看做スヘシ」とする述部につながっている。したがって、「自然武器ヲ操リテ戦フ」と同義の部分を含むこの主部の全体が群民兵の認定条件である、という解釈も可能な構文となっている。また、主語は「戦闘ノ法規慣例ヲ遵守スル者ハ」の「者」になる。

　これに対して、私訳では、「敵の接近するにあたり、第1条により自らを編成する遑なく、自発的に武器をとり侵入軍隊に抗敵するところの、いまだ占領せられざる地域の住民は」までが主部をなし、「戦争の法規慣例を遵守するとき交戦者と見なされる」が述部となっている。つまり、構文上は、「敵の接近するにあたり…いまだ占領せられざる地域の」に修飾される「住民」が、「戦争の法規慣例を遵守するとき交戦者と見なされる」、となる。この場合、主語は「住民」であり、また群民兵としての交戦者資格認定条件が「戦争の法規慣例を遵守する」という一点にあることは明白である。

　上に述べたように、公式訳の構文と私訳の構文との差異は大きく、前者のそれは仏文を忠実になぞるものではなかったという不備をもつことが浮き彫りになった。

　また、第2条の私訳は、未占領地域の住民が、敵軍の迫りくるなか「ハーグ陸戦規則」第1条により自らを編成する遑のないまま、自発的に武器をとって抗敵することがありうる、と前提している。つまり、このような切迫した状況に置かれた住民には、第1条による編成を経ずとも自発的に武器をとって抗敵することが許容され、その場合は戦争の法規慣例の遵守を条件に群民兵としての交戦者資格が与えられる、という文脈である。したがって、未占領地域の住民が接近する敵軍に対して自発的な抗敵行為に出ること自体が戦時国際法違反に問われることはなく、まして交戦者資格の認否を分かつ基準とはなりえなかったのである。

　以上、第2条の私訳を、構文と文脈の両面から分析してきたが、その結果「戦闘ノ法規慣例ヲ遵守スル」（公式訳）こと、つまり「戦争の法規慣例を遵守する」（私訳）ことが群民兵の交戦者資格を認定する唯一の条件であると判断された。

　つぎに、別の側面から群民兵に要求される交戦者資格認定条件をあらためて探ってみたい。すでに明らかなように、そもそも群民兵には、「ハーグ陸戦規則」第1条に規定する民兵あるいは義勇兵としての編成が求められていなかった。第1条中の4条件を、編成上の要件と、戦闘・行軍・偵察等の軍事（作戦）行動上の要件とに分類すれば、4条件のすべてが後者の要件に該当することは疑い

ない。それでは、このうちどの条件が民兵と義勇兵の編成上の要件として求められ、逆に群民兵の交戦者資格認定条件からは除外されているのであろうか。

　まず、第4条件「其ノ動作ニ於テ戦闘ノ法規慣例ヲ遵守スルコト」は、仏文の、de se conformer dans leurs opérations aux lois et coutumes de la guerre. に相当する[68]。このうち公式訳の「其ノ動作ニ於テ」の部分、すなわち仏文の dans leurs opérations は「彼らの軍事（作戦）行動において」と改訳できる。この改訳からも明らかなように、第4条件は軍事行動上の要件としてのみ挙げられており、編成上の要件にはあたらない。

　また、第3条件「公然武器ヲ携帯スルコト」も、編成上の要件から除外される。およそ交戦にいたる者は、徒手空拳で抗敵を試みないかぎり何らかの武器を装備しているのが常であり、あえて武器の携帯を編成上の要件として求める必要はないからである。前節で触れたとおり、民兵と義勇兵が携帯する基本武器の種類に関しては小銃に限定されていたのか否かなお検討の余地を残すとはいえ、第3条件が意味するものは、原理的には彼らが公然たる態様で（ouvertement、公然と、隠さずに）武器を携帯していること、つまりこれによって交戦する意思をもつ者であることを明示するという軍事行動上の要件のみである。

　したがって、第1条件「部下ノ為ニ責任ヲ負フ者其ノ頭ニアルコト」と第2条件「遠方ヨリ看別シ得ヘキ固著徽章ヲ有スルコト」こそが、編成上の要件としても民兵と義勇兵に求められる点であり、逆に群民兵の交戦者資格認定条件からは除外される点であると判明する。単純な消去法によるかぎりでは、第3条件と第4条件とが群民兵の認定条件ということになる。

　しかし、第3条件「公然武器ヲ携帯スルコト」を群民兵の交戦者資格認定条件に加えることは、妥当ではない。まず、第2条中には第3条件に相当する文言を確認できない。つぎに何よりも、1907年の第2回ハーグ平和会議の際に改定された「ハーグ陸戦規則」にいたってはじめて、「公然兵器ヲ携帯」するという文言が第2条中に加えられたからである。ちなみに、同年の「ハーグ陸戦規則」第2条の公式訳は、「占領セラレサル地方ノ人民ニシテ敵ノ接近スルニ当リ第一条ニ依リテ編成ヲ為スノ遑ナク侵入軍隊ニ抗敵スル為自ラ兵器ヲ操ル者カ公然兵器ヲ携帯シ且戦争ノ法規慣例ヲ遵守スルトキハ之ヲ交戦者ト認ム」とある[69]。前掲の1899年の同規則第2条の公式訳に比して、その構文つまり主部と述部の関係はより仏文に忠実となって正確性を増しており、また前述の私訳の構文と基本的に一致することがわかる。

　他方、第4条件「其ノ動作ニ於テ戦闘ノ法規慣例ヲ遵守スルコト」は、1899年の「ハーグ陸戦規則」第2条中の「戦闘ノ法規慣例ヲ遵守スル」とほとんど同文・同主旨であり、第4条件が群民兵の交戦者資格認定条件として唯一求められている点であるということになる。なお、同条件と異なり、第2条には「其ノ動作ニ於テ」（前述の改訳では「彼らの軍事（作戦）行動において」）の文言を欠いているが、これは不思議ではない。第1条の第1条件と第2条件に基づいて編成を行う余裕のなかった群民兵には、抗敵という軍事行動のみ残されていることが自明であるからである。

　以上の検討の結果、「ハーグ陸戦規則」第1条が挙げる4条件のうち、第1〜3条件を除き、第4条件に相当する第2条中の「戦闘ノ法規慣例ヲ遵守スル」という点のみが、群民兵の交戦者資格認定条件であると判断された。この判断は、前述した第2条の私訳の構文と文脈による分析結果とも合

致する。

　したがって、「山本大尉」がヴラディミロフカで捕獲されたうえで「死刑」に処された約120名の「敵兵」の群民兵としての交戦者資格を全面的に否定するためには、群民兵の唯一の認定条件である、その軍事（作戦）行動において「戦争の法規慣例を遵守する」（私訳）という点の違反を具体的に立証することが不可欠となる。

　日露戦争当時の戦時国際法に照らして、「戦闘ノ法規慣例」の違反をいくつか挙げれば、すでに触れたダムダム弾の使用、いずれも「ハーグ陸戦規則」第23条で特に禁止された「毒又ハ毒ヲ施シタル兵器ヲ使用スルコト」、「敵ノ国民又ハ軍ニ属スル者ヲ欺罔ノ行為ヲ以テ殺傷スルコト」、「兵器ヲ捨テ又ハ自衛ノ手段尽キテ降ヲ乞ヘル敵兵ヲ殺傷スルコト」、「助命セサルノ宣言ヲ為スコト」、「無益ノ苦痛ヲ与フヘキ兵器弾丸其ノ他ノ物質ヲ使用スルコト」、「濫ニ軍使旗及国旗其ノ他軍用標章並敵兵ノ制服及『ジェネヴァ』条約ノ徽章ヲ使用スルコト」、「戦争ノ必要上万已ムヲ得サルノ外敵ノ財産ヲ破壊シ又ハ押収スルコト」、などがある[70]。ちなみに、当該期の戦時国際法としては、1864年8月にジュネーヴで調印された「赤十字条約」（日本政府は、1886年同条約に加入）、1899年7月に第1回ハーグ平和会議で調印された「陸戦ノ法規慣例ニ関スル条約」とその付属書「陸戦ノ法規慣例ニ関スル規則」および「千八百六十四年八月二十二日『ジェネヴァ』条約ノ原則ヲ海戦ニ応用スル条約」、同じく第1回ハーグ平和会議で調印された「ダムダム弾禁止宣言」以下の3宣言を挙げることができる[71]。

　しかし、「山本大尉作業」には、前述のようにヴラディミロフカで捕獲されたうえで処刑された約120名の「敵兵」を群民兵と認めがたいとする断定的文言はあるものの、これを裏付ける具体的な根拠、つまり「敵兵」による「戦闘ノ法規慣例」の違反を立証する記述はまったく見いだせない。したがって、「山本大尉」は事実上、「敵兵」の群民兵としての交戦者資格を否定することに成功していない。その反面、彼らには、なお群民兵として認定されかつ捕虜として処遇される可能性が残されていたことになる[72]。なお、捕虜資格は原則として敵に捕獲された者のうち交戦者資格を認められる者に対して付与されることになっていた[73]。

　いずれにせよ、「山本大尉」は、「敵兵」の義勇兵としての交戦者資格のみならず群民兵としてのそれをも否定していた。つまり、「山本大尉作業」によるかぎり、ヴラディミロフカの占領戦で捕獲され義勇兵としての交戦者資格を否定された150、60名の義勇兵と土民にせよ、そのうち群民兵としての交戦者資格をも否定されかつ「死刑」に処せられていた約120名の「敵兵」にせよ、非交戦者であるにもかかわらず日本軍に抗敵していたことになる。藤田久一は、「兵力に属しない者〔非交戦者〕による敵対行為」は戦争犯罪のひとつに該当し、戦争犯罪の行為者を捕えた側には「自国の軍事刑法や普通刑法に従い彼らを厳刑に処すこと」が国際法上認められていた、とする[74]。したがって日本側は、150、60名の義勇兵と土民を上の戦争犯罪に問い、日本の「軍事刑法や普通刑法」にのっとって裁判を行い処刑することができたはずである。

　しかし、同じ藤田の、「第一次世界大戦までの組織化されていない国際社会においては、…交戦国兵士のおこなった戦争犯罪の処罰は、もっぱらその交戦国の国内制度によるものであった。その場合、敵兵士による戦争犯罪であれ自国兵士の戦争犯罪であれ、自国の国内裁判所で裁くことにな

るのである」[75] という指摘を踏まえれば、敵国の領土であるサハリンの地においてこのような裁判が行われたと考えることは困難である。したがって、前述の義勇兵と土民やその過半を占める処刑された「敵兵」が何らかの公式の裁きを受けていたとすれば、それは上の裁判ではなく次節で触れる軍律法廷による審判であった可能性が高いことになる。

（以下、次号につづく）

注

1) 大江志乃夫『兵士たちの日露戦争 ―五〇〇通の軍事郵便から』朝日選書、1988年、 235頁。
2) 「宗右衛門宛新屋新宅書簡（明治38年7月29日）」（笠松宗右衛門家）福井県文　書館 K0020－00900（第6画像目）。
3) 同上「宗右衛門宛新屋新宅書簡（明治38年9月16日）」、K0020－00901（第2画像目）。
4) 大江志乃夫『兵士たちの日露戦争』、235〜236頁。
5) 原暉之「俘虜は博愛の心を以て之を取り扱ふべし ―樺太の戦場から一〇〇年前の戦争を考える」松山大学編『マツヤマの記憶 ―日露戦争100年とロシア兵捕虜』成文社、2004年、139〜140、145〜151頁。
6) 同上、150頁。
7) マリ・セヴェラ（天野尚樹訳）「無秩序 対 無慈悲 ―副次的戦場としてのサハリン」『北海道・東北史研究』第5号、北海道出版企画センター、2009年、49頁。
8) 同上、49〜50頁。
9) 同上、52頁。
10) 天野尚樹「見捨てられた島での戦争－境界の人間／人間の境界」原暉之編著『日露戦争とサハリン島』北海道大学出版会、2011年、48〜50頁。同「向こう岸の雲の下 ―日露戦争の終わりと樺太のはじまり」『別冊環⑲　日本の「国境問題」―現場から考える』藤原書店、2012年、132〜133頁。
11) 同上天野尚樹「見捨てられた島での戦争」、50〜51頁。同「向こう岸の雲の下」、133〜134頁。ただし、犠牲者の一部は、もともとはコルサコフの住民であったと考えられる。
12) 同上天野尚樹「見捨てられた島での戦争」、36〜37頁。同「向こう岸の雲の下」、 134頁。
13) 大江志乃夫『兵士たちの日露戦争』、236頁。
14) 原暉之「俘虜は博愛の心を以て之を取り扱ふべし」、153頁。
15) 大江志乃夫『兵士たちの日露戦争』、237〜238頁。
16) 原暉之「俘虜は博愛の心を以て之を取り扱ふべし」、153〜154頁。
17) 同上、154頁。
18) 同上、154頁。
19) マリ・セヴェラ（天野尚樹訳）「無秩序 対 無慈悲」、50〜51頁。
20) 同上、52頁。
21) 天野尚樹「見捨てられた島での戦争」、52〜53頁。
22) 天野尚樹「向こう岸の雲の下」、135頁。
23) 天野尚樹「見捨てられた島での戦争」、54頁。

24）有賀長雄『日露陸戦国際法論』東京偕行社、1911年、142〜143頁。

25）参謀本部編纂『明治卅七八年日露戦史』第十巻、東京偕行社、1914年（以下、『日露戦史』第10巻）。Русско-японская война 1904－1905 гг. Работа Военно-исторической комиссии по описанию русско-японской войны. Т. 9. СПб., 1910.

26）喜多義人「日露戦争の捕虜問題と国際法」軍事史学会編『日露戦争（一）—国際的文脈』錦正社、2004年、215頁。天野尚樹「見捨てられた島での戦争」、50頁。同「向こう岸の雲の下」、133頁。なお、1905年のサハリン戦を主題とする国外の代表的論考・著作としては（ただし、北サハリンでの戦闘のみを扱うもの、あるいは南サハリンの地上戦闘の全般を描いていないものは除く）、Урсын-Прушински С.Н. Бои на острове Сахалин во время русско-японской войны. // Краеведческий бюллетень. 1995. № 3（原文はドイツ語。1910年にウイーンで発行）. Латышев В.М. Боевые действия на Южном Сахалине в 1905г. // Краеведы ведут поиск. Южно-Сахалинск, 1985. Елизарьев В.Н. Русско-японская война 1904-1905 гг. и ее последствия для освоения и заселения острова Сахалина. Южно-Сахалинск, 2005. を挙げることができるが、いずれも、7月10日のヴラディミロフカの占領戦で捕獲された義勇兵や住民の大半に対する「死刑」処分や、7月11日のヴラディミロフカ近郊における男性住民の銃殺事件について触れるところはない。

27）有賀長雄『日露陸戦国際法論』、142頁。

28）同上、120頁。なお、交戦者中の民兵・義勇兵の場合も、戦闘員と非戦闘員の区別があるものと考えられる。

29）同上、142頁。

30）同上中「自序」（「仏文日露戦争陸戦法規自序」）、5〜6頁。

31）同上中「凡例」、2頁。

32）稲葉正夫監修・上法快男編『陸軍大学校』芙蓉書房、1973年、付録第2「沿革等ノ梗概」明治36〜41年次部分。

33）同上、付録第7「陸軍大学校卒業者名簿」第18〜20期部分。

34）同上、付録第2「沿革等ノ梗概」明治37、39年次部分。

35）高野邦夫『軍隊教育と国民教育 —帝国陸海軍軍学校の研究』つなん出版、2010年、279、290頁。

36）『日露戦史』第10巻、288〜291頁。

37）歩兵第四十九聯隊本部校閲、帝国聯隊史刊行会編纂『歩兵第四十九聯隊史 全』、1919年、42頁。なお、主計については「御署名原本・明治三十六年・勅令第百八十二号・陸軍武官官等表中改正」JACAR：A03020573500（4−5/5）、計手については「御署名原本・明治三十二年・勅令第四百十一号・陸軍武官官等表中改正」JACAR：A03020421600（3−4/6）参照。以下、JACAR（アジア歴史資料センター）史料の引用に際しては、冒頭に件名、つづいてレファレンスコード、括弧内に参照画像数/総画像数、の順で典拠を記載する。

38）歩兵第五十聯隊本部校閲、帝国聯隊史刊行会編纂『歩兵第五十聯隊史 全』、1919年、46頁。

39）陸軍省編纂『日露戦争統計集』第1巻、東洋書林、1994年、208〜209頁。

40）『日露戦史』第10巻、276〜277頁。

41）大本営写真班撮影陸地測量部蔵版『日露戦役写真帖第廿一巻 樺太軍第一』小川一眞出版部、1905年、1頁「某師団長及其幕僚」、30頁「ウラジミロフカニ於ケル旅団長及其他諸員 明治三十八年七月十四日」。なお、1頁に「岸歩兵中尉」と記述されるが、30頁では「岸兵兵中尉」（ママ）と誤記される。

42）「8.11樺太南部占領軍司令官よりコルサコフ露国指揮官以下191名投降始末」JACAR：C06040903400（6−7、17−19、20−21/25）。なお、サハリン戦当時の渡辺金造の階級が大尉であったことは、注41の『日露戦役写真帖第廿一巻 樺太軍第一』1、30頁に「渡辺歩兵大尉」と記されていることから判明する。

43）稲葉正夫監修・上法快男編『陸軍大学校』、付録第7「陸軍大学校卒業者名簿」第18期部分。

44）有賀長雄『日露陸戦国際法論』、897〜900頁。

45）同上、894〜895、896〜897頁。

46）「8・11樺太南部占領軍司令官よりコルサコフ露国指揮官以下191名投降始末」JACAR：C06040903400（3、6、17−19/25）。

47）稲葉正夫監修・上法快男編『陸軍大学校』、付録第2「沿革等ノ梗概」明治40年次部分。

48）同上、付録第7「陸軍大学校卒業者名簿」第19期部分。

49）同上、第18〜20期部分。

50）有賀長雄『日露陸戦国際法論』中「自序」、1〜2頁。

51）同上『日露陸戦国際法論』、142〜143頁。

52）Русско-японская война 1904－1905 гг. Т. 9. С. 100－101. ただし、同С．97〜98によれば日本軍上陸時の南サハ
　　リンのロシア軍兵員は1363人とある。なお、倉田有佳「ビリチとサハリン島 ―元流刑囚漁業家にとっての日露戦争」
　　原暉之編著『日露戦争とサハリン島』（注10）、321頁、によれば、ビリチの部隊はコルサコフ管区の入植囚と農民
　　からの選抜者を、ビリチ本人が自費で組織した義勇隊であった。

53）外務省条約局『条約彙纂　第二巻第一部　（一般国際条約集）』、1929年、138〜139頁。

54）拙稿「1905年夏、サハリン戦と住民 ―その2　虐殺の予兆としてのヴラディミロフカ戦（上）」『北海道・東北史
　　研究』第6号、北海道出版企画センター、2010年、67〜68頁参照。

55）有賀長雄『日露陸戦国際法論』、134〜135、138〜139頁。なお、有賀は、群民兵の武器として「拳銃及短刀」や、
　　日本刀が認められるべきであるとする主旨の見解も表明していた（同書、147、149頁。ただし、日本刀への言及は、
　　1907年の「ハーグ陸戦規則」第2条に関してのものである）。この点は、群民兵には小銃でなくとも拳銃をはじめ
　　より広範な種類の武器での武装が許容されうることを示唆していよう。
　　　また、営口の事例からは、外国の地にいる居留民にはたして「ハーグ陸戦規則」の第2条が適用されるのか否か、
　　換言すれば彼ら居留民に群民兵としての交戦者資格が認められるのか否かという原理的問題が浮かび上がってく
　　る。

56）『条約彙纂　第二巻第一部　（一般国際条約集）』、139頁。

57）同上、178頁。

58）同上、185頁。

59）同上、220頁。

60）同上、148〜149頁。

61）マリーナ・イシチェンコ「19世紀後半から20世紀初頭におけるサハリン島の住民」『ロシアの中のアジア／ア
　　ジアの中のロシア』研究会通信　№7、2004年、8〜9頁。

62）原暉之編著『日露戦争とサハリン島』（注10）、巻末付表Ⅰの「表1　日露戦争前サハリンの人口動態」。

63）Русско-японская война 1904－1905 гг. Т. 9. С. 94.

64）天野尚樹「見捨てられた島での戦争」、39頁。

65）有賀長雄『日露陸戦国際法論』、144〜145頁。

66）『条約彙纂　第二巻第一部　（一般国際条約集）』、139頁。

67）同上、139頁。

68）同上、139頁。

69）同上、402頁。

70）同上、149〜150頁。

71）藤田久一『新版　国際人道法〔再増補〕』有信堂高文社、2003年、13 〜 15頁参照。

72）有賀長雄は、「山本大尉作業」の全文の引用につづく地の文で、「著者ハ大尉ノ説ニ同意シタリ、何トナレバ群民
　　ハ『ウラジミロフカ』ニ於ケル我ガ部隊ヲ襲撃スルニ於テ陸戦ノ法規慣例ヲ守ラザリシヲ以テナリ。樺太ハ露国
　　罪人ノ外殆ト一人モ居ラザル所ナレバ厳格ノ手段ヲ必要トシタルヤ明ナリ。然レドモ此ノ事件ニ於テ注意スベキ
　　一点ハ我ガ将校ガ此等ノ群民ヲ海牙規則第二条ニ依リ交戦者ト視做シ難カリシ所以ヲ故サラ説明スル必要ヲ感シ
　　タルニ在リ」（有賀長雄『日露陸戦国際法論』、143頁）と述べる。しかし有賀は、「山本大尉作業」と同様に「群民」
　　による「陸戦ノ法規慣例」の具体的違反例を明らかにしないまま、彼らの群民兵としての交戦者資格を否定していた。
　　また、「山本大尉作業」が「此等ノ群民ヲ海牙規則第二条ニ依リ交戦者ト視做シ難カリシ所以」として「故サラ説明」
　　していたのは、本文で述べたように20世紀初頭のサハリン島の住民一般が囚徒と浮浪の暴民であるかのように断
　　じていたという誤謬と偏見であった。有賀も同じ誤謬・偏見にとらわ　れていたことは、「樺太ハ露国罪人ノ外殆
　　ト一人モ居ラザル所ナレバ厳格ノ手段ヲ必要トシタルヤ明ナリ」とする記述から知られる。

73）藤田久一『新版　国際人道法〔再増補〕』、141頁を参照すれば、「ハーグ陸戦規則」では、捕虜資格を与えられるのは、

まず戦闘員、すなわち正規軍、交戦者資格を認定された民兵と義勇兵団、同じく交戦者資格を認定された群民兵、つぎに兵力　中の非戦闘員であった。

74）同上、196～197頁。

75）藤田久一『戦争犯罪とは何か』岩波新書、1995年、28頁。

（いたはし・まさき／日本ユーラシア協会札幌支部）

【論文】

1920年代から1930年代の日本植民地「樺太」の国境
―西海岸安別を中心にして―

松山　紘章

はじめに

　宗谷海峡を挟んで北海道の最北端稚内と接する現在のロシア領サハリン島は[1]、1905年から1945年までの40年間、北緯50度以南が日本領となっていた[2]。そして、北緯50度以北はソ連領だった。つまり、ひとつの島に2つの国が同居していた。樺太が1943年に内地に編入されたことを踏まえると、陸上に国境が存在したことは、日本国内の地上から外国へ行けたことを意味している。それはわずか40年という短期間ではあるが、陸上に国境が存在するという日本の歴史における特異な体験だった。

　かつての日本に陸上の国境がなかったわけではない。例えば、日本植民地下の朝鮮半島に引かれていた傀儡国家満洲と朝鮮の国境、満洲とソ連の境も存在した。しかし、樺太の国境はこれらとは意味合いが異なっている。樺太の国境は、日本と他国の境であり、文字通りの国境だった。本稿はその樺太内の国境はどのような状態だったのか、国境の日本側では何が起きていたのかを明らかにすることが目的である。現在、樺太史の研究は社会経済史や歴史地理学、アジア太平洋戦争後の引揚げ等の分野など研究の幅も広がり、日本領であった約40年の実態も明らかにされつつある[3]。1945年以後のソ連領サハリンとしての研究も進み、ひとつの島の歴史は主権者が変わっても連続性がうかがえる[4]。また、直近では中山大将が境界地域史として[5]、新たな地平を拓き始めている。

　しかし、本稿の論点のひとつである樺太の国境に着目をした研究は多くはない。少ない中でも、

1　　原暉之は「サハリン島」の呼称は、19世紀以降ロシア側の一貫した名称であったとする。樺太は日本領の行政的名称であるとした。原は「要するに「樺太」は日本領である（あった）ところの時空間という含意が濃厚であって、厳密には島名ではなく、通称にはなりえても、そこに通時的一貫性はなかった」とする。本稿も島の置かれた歴史を鑑み島名は「サハリン島」を用いる。（原暉之「序章　日露戦争期サハリン島史研究の概観と課題」原暉之編『日露戦争とサハリン島』北海道大学スラブ研究センター　スラブ・ユーラシア叢書10、北海道大学出版会、2011年、1‐2頁）。

2　　本稿では、南樺太・北樺太と紛らわしさを防ぐため北緯50度以南の日本領は「南樺太」ではなく日本領樺太や樺太とする。また、ソビエト社会主義共和国連邦が成立するのは1922年であるが、本稿では一部を除き北緯50度以北はソ連と表記する。

3　　中山大将、竹野学、木村由美、ジョナサン・ブル、スヴェトラナ・パイチャゼ「サハリン樺太史研究会第41回例会　樺太の〈戦後〉史研究の到達点と課題」『北海道・東北史研究』通巻第11号、北海道出版企画センター、2018年、108-118頁。

4　　天野尚樹「樺太における「国内植民地」の形成－「国内化」と「植民地化」－」、井澗裕「明治大正期の樺太・サハリンにおける公娼と半公娼」今西一・飯塚一幸編『帝国日本の移動と動員』大阪大学出版会、2018年、113-144頁、240-274頁。

5　　中山大将『サハリン残留日本人と戦後日本：樺太住民の境界地域史』「アジア環太平洋研究叢書3」国際書院、2019年。

加藤絢子の樺太庁の予算資料を分析して、少数民族における諜報活動の実態を明らかにした論考は貴重である[6]。加藤の論文は、樺太内の国境を題にして論じた最初の論文だと位置づけられる。直近では齋藤太一が外交文書を駆使して、国境警備を日本近代史の中に位置付けようと試みている[7]。また、日本植民地研究で国境をテーマとした研究まで広げてみると、朝鮮総督府による1910年代の国境警備体制構築について検討している松田利彦の研究もあげられる[8]。従って、植民地における国境は重要なキーワードとなり、特にサハリン・樺太の歴史を研究する上で無視できない点だといってもよい。

また、樺太内の地域、都市や集落に関する研究も少ない[9]。筆者が確認した限りでは、豊原商工会議所から商工業者の活動実態を明らかにした竹野学の論考、豊原の市街地形成を論じた三木理史の研究がある。いずれも、樺太庁の置かれた豊原に限られている。他の地域では、樺太の玄関口であり港湾都市で且つ商都でもあった大泊の日露戦争直後からの街の成立過程を明らかにした筆者の研究があり[10]、論考内で農業移住・開拓者の集落に言及している中山の研究がある[11]。しかし、国境に接する街や集落に関する先行研究は見られない。

現状の国境研究では警備に比重があり、それ以外のテーマを扱った研究は皆無に等しい。日本領であった樺太を回顧する写真集には、国境に近い安別の高等小学校や郵便局が写されている[12]。そこには、集落が形成されて警備等には従事をしない人々の生活があった。また、当時の地図を見ると西海岸では安別、中央部では国境の南に半田沢、東海岸では遠内の地名がある。地名が記されているということは不特定多数の人々の生活があったと考えてよい。

本稿では1920年代から30年代の西海岸の国境を中心に論じていきたい。この時期は、原暉之が述べているようにサハリン島の近代史を4区分した場合、島の統治国家が南北に分かれていた前半期と後半期の間になる[13]。1920年に尼港事件があり、日本軍の軍政により島北部が保障占領となり、

6 加藤絢子「樺太庁による国境警備とサハリン少数民族−1930年代から40年代の樺太庁予算関係資料より−」『北海道民族学』第6号、2010年、41-49頁。
7 齋藤太一「樺太北緯五十度線「陸接国境」警備−一九二五〜一九三九−」『東京大学日本史学研究室紀要』第22号、2018年3月、243-289頁。
8 松田利彦「1910年代における朝鮮総督府の国境警備政策」『人文學報』第106号、京都大学人文科学研究所、2015年、53-79頁。
9 竹野学「戦前期樺太における商工業者の実像─豊原商工会議所の活動を中心に」（松井憲明・天野尚樹編2008年5月にサハリン大学国際シンポジウム報告集−『サハリン・樺太史研究』第1集、北海道情報大学、2010年、106-111頁）。三木理史「移住型植民地と豊原の市街地形成」『移住型植民地樺太の形成』塙書房、2012年197-223頁。
10 松山紘章「樺太の商都「大泊」の成立−航路・鉄道との関連性−」『歴史民俗資料学研究』21号、2016年、223-240頁。
11 前掲、三木理史『移住型植民地樺太の形成』2012年、中山大将『亜寒帯植民地樺太の移民社会形成周縁的ナショナル・アイデンティティと植民地イデオロギー』京都大学学術出版会、2014年である。中山の論考内「第3章 樺太の農業拓殖と村落形成の実像」で、農業拓殖ではあるが蘭泊村大字蘭泊字富内岸澤、泊岸村楠山農耕地と本稿よりもさらに既に細分化した研究がある。
12 望郷樺太編纂委員会編『写真集 望郷 樺太』国書刊行会、1979年、183-184頁。
13 原はサハリン島の19世紀から20世紀前半の歴史を2ヵ国間の条約を境に「①日露通好条約(1855年)以後20年間日露雑居期。②サンクトペテルブルグ条約(いわゆる樺太千島交換条約、1875年)以後30年間の全島露領期。③ポーツマス講和条約、1905年」以後20年間の南北二分期の前半。④日ソ基本条約(1925年)以後、島上国境が消滅する1945年まで20年間の南北二分期の後半期」と4つに区分する。(前掲、原「序章 日露戦争期サハリン島史研究の概観と課題」原暉之編『日露戦争とサハリン島』北海道大学スラブ研究センター スラブ・ユーラシア叢書10、北海道大学出版会、2011年、2頁)。

国境線が揺れ動きそうになった時期でもある。

　つまり、1920年から25年の北緯50度以北は日本の影響下にあった。北樺太保障占領期を研究した竹野の論考によると北樺太は目立った産業もできず、また日本領の樺太北部の開拓が始まった時期でもあるため、移住先としては不安定であった[14]。また、三木が1921年の北樺太保障占領期初期における南北の国境を移動する人々の実態を述べている。そこでは、北緯50度以北のソ連側への鉄道も未整備であり海上輸送に限られているため、島内に２つの国があるとの実感はあまりなかった[15]。従って、1920年代前半は国境の存在を強く意識していない時期ともいえる。西海岸に軸を置いたのは、中央部や東海岸国境近くにも小規模な集落は存在したが、現段階では論証するだけの資料がないからである。

　本稿は1920年代から30年代を取り上げ、西海岸北部にあり国境と接していた安別を分析するが、日本領樺太の国境の実態を論証するには資料が不十分であるのは否めない。資料が少ない点を補うため、本稿では複数の視点からアプローチする方法を用いた。先行研究で見られた警備以外に軸を置き、樺太全体の中に地域の視点を加えつつ、集落形成・山火・漁船取締り・国境無許可通過という４つの角度から考察することで資料の不足を補いたい。

　集落形成の分析対象として、西海岸北部にあり国境と接していた「安別」に焦点を当てた。安別を選んだのは国境に近いとの単純な理由だけではない。安別を記した紀行文や駐在記が若干残されており、豊原や大泊の都市ではない点にも着目した。また、樺太と島外を結ぶ命令航路を担う北日本汽船の航路で最も国境に近い寄港地であり、且つ折り返し港であった[16]。設定された航路は貨物だけではなく旅客扱いも行われていた。つまり、樺太内外からの人々の移動が行われていた。様々な人々が出入りする安別は、日本領樺太最北端を知ることのできる国境の街だといってもよい[17]。

　国境周辺での山火事は、二つの国は否が応でも対応を迫られる。樺太は山林が豊で林業や製紙業が盛んな土地でもあった。その豊かな山林では、度々山火（山火事）が発生していた。国境付近でも山火が起きていたが、どのように対処していたのだろうか。その対応を追うことで、ふたつの国が国境を接している意味を浮かび上がらせたい。さらに、漁業も主要な産業であったが、国境近くで操業する実情を検討する。一時的にソ連に拿捕されていた実態にもふれる。

　また、人間の活動を考えるときに、国境での往来は見逃せない点だ。本稿では特に国境で起こる問題のひとつとして、無許可通過に着目した。安別の近辺では、国境警備に見つからないように密かに国境を通過している人々がいた。無許可通過者が如何なる状況で通過していたのか。樺太への入国に比重を置き、警備関係者が行っていた対応について先行研究を踏まえて明らかにしたい。

14　竹野学「保障占領下北樺太における日本人の活動（1920～1925）」『經濟學研究』第62巻第３号（通巻第221号）、北海道大学大学院経済学研究科、2013年、31-48頁。

15　三木理史「幻の日本によるサハリン島一島支配：保障占領期南・北樺太の開発」『歴史と地理』第682号「日本史の研究（248）」山川出版社、2015年、１-17頁。

16　若泉小太郎『樺太紀行　北緯五十度の旅』、互光社、1931年。遠山武夫「樺太國境　安別を語る」『財政』第二巻九号、1937年、281-285頁。

17　松山紘章「「樺太航路」開設に伴う樺太地域社会への影響－伏木、青森との航路を事例にして－」『歴史民俗資料学研究』22号、2017年、223-242頁。

　先に記した４つの軸での分析を通して、樺太内の国境をめぐる諸問題を検討する。これは資料不足を補うために採用した方法だが、それ以上の意味をももっている。一つの島の上に存在した国境の特徴を考えるためにも、多角的な要素で検討することは有益な方法だと考えている。本稿は40年間の日本領樺太として、隣国と接し国境があるという環境が樺太の社会や人々に与えていた影響や意味を明らかにすることが目的とする。本稿のアプローチは結果として、現状のサハリン樺太史研究の蓄積にもつながると考える。

　主な資料は、防衛省防衛研究所や外務省外交史料館の文書、樺太の地元メディアである『樺太日日新聞』を活用する。なお、一部は齋藤の論考内で既に知られている資料に依拠するが、本稿のテーマを含んで論じているわけではない。そのため、樺太の国境への研究を深める目的で部分的に活用している[18]。

第１章　日本領樺太最北の街

　本章ではかつて樺太西海岸最北にあった安別では、どのような社会が築かれていたのかを明らかにする。国境と接する安別は当時書かれた雑誌や紀行文を対象にして分析を進めたい[19]。

１－１　国境の街「安別」の形成

　安別という街が1905年から1945年の40年間、北緯50度国境近くにあった。現在は無人の地になっている[20]。樺太西海岸の名好郡を恵須取、北名好、西柵丹と北へ行くと沃内がある。安別はさらにその北にあった。恵須取から発動汽船で約５時間かかる距離である[21]。

　まず、安別の場所を確認しておこう。下図は樺太全体から安別を示し地図である。左側の地図は、樺太全体を写す『樺太全図』である[22]。右側は北緯50度の安別付近を拡大した。地図の上方（北側）には国境線が引かれている。その左側（西側）最北にあるのが安別である。

　では、安別とはどのような場所であったのか。日露戦争後、移住者がいつ頃から定着して、街が形成され機能を始めたのかは筆者が調べた限りでは正確に判明しなかった。明らかであるのは、1941年３月31日までは名好村に属していたが４月１日より名好村から分村した西柵丹村に属する集落となり[23]、その後名好郡安別村になった[24]。尋常高等小学校の開校が1914年11月３日とあ

18　前掲、齋藤「樺太北緯五十度線「陸接国境」警備－一九二五〜一九三九－」『東京大学日本史学研究室紀要』第22号、2018年３月、243-289頁。

19　遠山武夫「樺太國境　安別を語る」濱田徳海編『財政』第２巻第９号、大蔵財務協會、1937年、281-285頁（国立国会図書館デジタルコレクション、アクセス日付2018年10月25日）。

20　相原秀起『知られざる日露国境を歩く－樺太・択捉・北千島に刻まれた歴史－』（ユーラシア・ブックレットNo200）、東洋書店、2015年、３-36頁。

21　荒木源『樺太の産業と港湾』北海道海運通信社、1936年、102頁（国立国会図書館デジタルコレクション　アクセス日付2018年５月12日）。

22　発行年は不明である。

23　西村いわお『南樺太〔概要・地名解・史実〕』1994年、高速出版、403頁。官報の『昭和十六年六月二十八日』には「名好郡名好村ヲ左記境界ニ依リ分割シ昭和十六年四月一日ヨリ西柵丹村ヲ置ク」とある（国立国会図書館デジタルコレクション、アクセス日付2018年11月25日）。

24　筆者が所有する『樺太全圖』には、安別は泊居支庁管轄下の名好郡安別村と「樺太庁支庁管轄区域表」に記載されている。

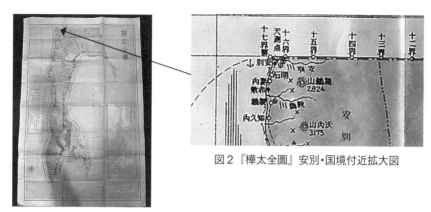

図1 『樺太全圖』（発行年不明、筆者所有）

図2 『樺太全圖』安別・国境付近拡大図

り、1914年段階では家族での移住者が居たことになる[25]。また、1911年に製版された5万分1の地形図では[26]、境界標や国境線は記されているが、建物の記載は確認ができなかった。[27]。にもかかわらず、地図の時期と小学校開校時期が3年間の間隔しかないことを踏まえると、僅か3年ほどで定住できる環境が整えられつつあったようだ。1920年前後には、戸数が20戸程、宿泊施設もあったとされる[28]。表─1は、国勢調査による人口を示したグラフである。人口が増加するのは、1925年の日ソ基本条約が結ばれ、北樺太撤兵の以降であることがうかがえる。また、参考に下図右側は東海岸で国境に近い遠内の数値もあげてみたが同様である。日本領樺太の北部での人口増加は、大規模な製紙工場が設けられた恵須取に限らず小規模な地域にも及んでいた。

記事を読み取ると、安別は人々が興味を持って訪れる国境の視察地は観光地ともうかがえる。

表─1　安別の人口

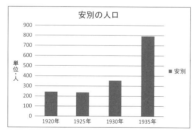
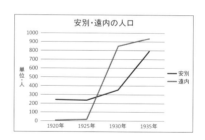

出所：樺太庁『[樺太] 国勢調査結果表、昭和5年』1934年、8-11頁。
　　　国立国会図書館デジタルコレクション　アクセス日付2019年6月7日
　　　樺太庁『国勢調査結果報告　昭和10年』1937年、8-9頁、18-19頁、20-21頁。
　　　国立国会図書館デジタルコレクション　アクセス日付2019年6月7日より作成。

25　前掲、望郷樺太編纂委員会『写真集　望郷　樺太』国書刊行会、1979年、183-184頁。
26　陸地測量部樺太境界劃定委員『安別（假製樺太南部五万分一；北名好13號）』、1911年（国立国会図書館蔵）
27　前掲、遠山「樺太國境　安別を語る」『財政』第二巻九号1937年、281-285頁。遠山の中に「ここ安別は今から三十餘年前家野住七兵衛翁（現在七十三歳）の草分けに始つて居る」（282頁）とある。雑誌が発行されたのが1937年（昭和12年）であり、推定すると1907（明治40）年頃には生活者が居たとなる。
28　安別で宿泊した宿屋は、食材は名好に買い出しに出ていた。安別での買い物は限られていたと推測する。（入江貫一『露領樺太覗記』東方時論社、1920年、11-12頁。）国立国会図書館デジタルコレクション　アクセス日付2017年1月3日

安別に関する資料が限られるため、安別を取り上げた旅行記を参考にしたい。これまで、知られている代表作に北原白秋『フレップ・トリップ』がある。しかし、本稿では研究に取り上げられたことが皆無に等しい入江貫一『露領樺太覗記』(1920年)[29]、若泉小太郎『樺太紀行：北緯五十度の旅』(1931年)[30]、遠山武夫「樺太國境安別を語る」(『財政第二巻第九号』大蔵財務協會、1937年)[31] 参考にして、安別の街や社会がどのような場所であったのかを明らかにする。ただ、紀行文や滞在記であり著者の主観が入るので批判があるのは承知だが、樺太内の地域を知る上で有用と判断して取り入れている。

安別の人口は表―1 から明らかなように1920年代までは緩やかな増え方であった。入江貫一が訪れた1918年頃は「一部落で、戸数僅かに二十餘戸、見る處も遊ぶ處も無い」と規模であった[32]。さらに、若泉小太郎が滞在した時期は「戸数僅かに四十戸位の部落で、其の大部分は漁業家」と入江と若林の訪れた時期は10年程の開きであるが[33]、移住者は大きく増えてはいない。それが、1930年代には大幅な増加が見られる。遠山武夫「樺太國境安別を語る」の一文から理解できる。

> 新興炭礦株式會社の創立着業を見部落の北端から南方一里餘の明石と言ふ所の海岸を上つた真直ぐ山に百戸餘りの炭礦部落を形成する様になつて以来人口戸数も急激に増加し今では炭礦を合し戸數約百八十人口千餘の相当な部落になった。

つまり、炭鉱の操業が安別を発展させる契機となった。安別のような小規模な地域でも樺太の基幹産業が街を発展させる基盤となっていた。

また、遠山によると公共施設は国境付近から順に「税關監視署、警部補派出所、小學校、気象観測所、郵便局、森林主事調剤所、水産物検査員駐在所、公醫院」とある[34]。

表―2 は主な公共施設の一覧を示した。この時点では、安別には役場機能の施設は見当たらない。小学校や郵便局など移住者が生活上必要な施設はある。さらに、国境警備の役割があった警部補派出所や国境を通過する人々や貨物を監視する税関監視署、気象観測所の施設もある。それが日本領樺太として「最北」であり「国境の街」の特徴を表していた。

表―2　公共施設一覧

安別　公共施設
税関監視署
警部補派出所
小学校
気象観測支所
森林主事駐在所
水産物検査員駐在所
公医院

出所：濱田徳海編『財政』遠山武夫「樺太國境　安別を語る」第2巻第9号、財団法人大蔵財務協會、1937年、281頁から作成。

29　入江貫一は貴族院議員などを務めた人物である。樺太を訪れたことが枢密院高等官転免履歴書に記載されている。「大正七年　八月一日　樺太へ出張ヲ命ス（法制局参事官）」とあり、著書で安別を訪れた時期と一致する。JACAR（アジア歴史資料センター）Ref. A06051175700、「枢密院文書・枢密院高等官転免履歴書大正ノ二」（国立公文書館）アクセス日付2019年7月31日　入江が安別を訪れたのは、本稿の時代区分より前になるが国境の街を知る手掛かりになると判断して参考にした。
30　若泉小太郎は、1925年時点では樺太庁の警視と確認できる。JACAR（アジア歴史資料センター）Ref. A04018262800、「公文雑纂・大正十五年〜昭和元年・第二十一巻・奏任文官俸給制限外下賜・奏任文官俸給制限外下賜」（国立公文書館）アクセス日付2019年7月31日
31　遠山武夫は、函館税関安別監視署の署長である。
32　前掲、入江『露領樺太覗記』1920年、11頁。
33　前掲、若泉『樺太紀行　北緯五十度の旅』1931年、219頁。
34　前掲、遠山「樺太國境　安別を語る」『財政』第二巻九号、1937年、281頁。

　表―3は表―1でも取り上げた国境に近い遠内と安別、ふたつの街を比較した産業別人口である。調査が行われた1934年時点で安別の主な産業は水産業であった。また、例えば遠内は農業と交通業が突出している。地域を支える産業が無い限りは、国境に近い場所は漁村や農村であった。

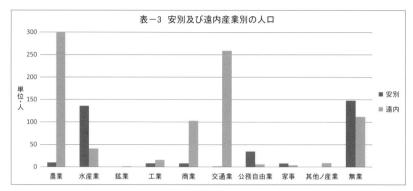

表－3　安別及び遠内産業別の人口

出所：樺太庁『［樺太］国勢調査結果表、昭和5年』1934年、408－411頁より作成。
国立国会図書館デジタルコレクション　アクセス日付2019年6月7日

　また、安別に華やかさはなく「國境警備の特別任務を帯びた警部補派出所の数以外は何れも一人か二人のさゝやかなお役所と學校ばかりだが然しとにかく看板の揃つて居る點では眞岡以北随一」であった[35]。移住者も官公吏以外の住民は「大體漁業又は炭坑關係者」とした[36]安別の社会は漁業と炭鉱により成り立っていた。

1―2　安別の社会と暮らし

　本節では、主に遠山武夫「樺太國境　安別を語る」を参考にして安別の暮らしや社会に焦点を当てる。安別の生活は「一同は悲壮な覺悟を決めて居るが平素は至つてほがらかに暮らして居る」との場所だけからすると、住民の意識の根底には不安や緊張があった。それは、国境ならではの不安と緊張かもしれない。

　また、隣町へ行くのは徒歩であった。例えば、名好村に出るまでには「二十里を四日かゝる」とした[37]。公共交通機関は汽船であった。1930年8月26日の『樺太日日新聞』（以下『樺日』）に「臺北丸の航路　安別まで延長　國境方面視察者の爲」とある。人が出かけるというよりは、来る人々が多かった[38]。

　　最近國境方面の異常な發展に連れ視察者が日々多数同方面に出向くので北日本汽船株式會社
　　ではそれ等視察團の利便を圖る爲め臺北丸を臨時安別迄延長する事とした

35　前掲、遠山「樺太國境　安別を語る」『財政』第二巻九号、1937年、283頁。
36　前掲、遠山「樺太國境　安別を語る」『財政』第二巻九号、1937年、282頁。
37　前掲、遠山「樺太國境　安別を語る」『財政』第二巻九号、1937年、283頁。
38　1930年に安別を訪れた「視察者」は242名（冬期は17名）であった。ただ、観光客を含んでいるのかは不明。
　　JACAR（アジア歴史資料センター）Ref. B05014011000、「本邦国境取締法制定一件／第一巻」、外務省茗荷谷研修

表―4は『樺日』に掲載されていた臺北丸の時刻表である。小樽を起点に真岡、泊居、恵須取を経由して安別を結んでいる。往路の小樽から安別までの途中に珍内や鵜城には寄港していないので、安別を目的地にすることで需要があったとようだ[39]。

暮らしに目を向けると、最北の越年は大変で「部落の人々は十月の聲を聞くと翌年春までの半ヶ年の食糧其の他の必要品所謂越年物資を貯込むのに大多忙である」とある。住民は10月から冬の生活に備えていた。大変さを若泉小太郎は「此處の住民は絶海の孤島に住む人と等しい生活をしなければならぬ」と表現する[40]。そのため、住民の春の訪れは喜びに満ちていた。

表－4　臺北丸時刻表

臺北丸	
寄港地	発着時間
小樽	25日午後1時発
真岡	26日午前10時着
	26日午後2時発
泊居	26日午後6時着
	26日午後9時着
恵須取	27日午前4時着
	27日午前7時発
安別	27日正午着
	27日午後8時発
恵須取	27日午後9時着
	28日正午発
鵜城	28日午後1時着
	28日午後4時発
珍内	28日午後8時着
	28日午後10時発
泊居	29日午前2時着
	29日午前7時発
真岡	29日午前11時着
	29日午後2時着
小樽	30日午前10時着

出所：『樺太日日新聞』「臺北丸の航路　安別まで延長
國境方面視察者の爲」1930年8月26日より作成。

　　四月中旬春は訪れ海が異様な音響と共に盛んに流氷を始め沖合に初船第一船が見えた時などは全村殘らず濱に出て觀呼の聲を揚げ大變な騒ぎとなる。大人も小供も鶴首して待つお正月より樂しい訪れである。この頃になると貯への食糧も殘り少なくなりお互いに會へば必ず「オイ何かうまいものは無いか」誰の會話も決つて居る。

春が来て定期船が見えると住民が一斉に「全村残らず浜に出て」きた。その喜びは大きく、冬の厳しさが分かる。春には越年した住民の食糧も底をついていた。

安別の暮らしが見える一端として、例えば嗜好品である酒は「最近までは酒が切れて盛んにアルコールを飲んだ相だが今では酒は豊富にある様だ」と多少の誇張は含んでいるが、入荷が限られていたようだ。その一方、「小料理屋が昨年から三軒も出來た」とあり、住民の楽しめる場もあった。

安別の地域性にもふれている。産業は「漁業と炭礦」であったが漁業は鱈、鰊、鱒が捕れていた。乾物にされ函館や小樽を経て遠くは中国方面へ運ばれていたようだ[41]。

所（外務省外交史料館）アクセス日付2019年5月2日。『樺日』の記事に関しても視察者＝観光客を含んでいるのか判断できない。　前掲、筆者の論考（「「樺太航路」開設に伴う樺太地域社会への影響－伏木、青森との航路を事例にして－」『歴史民俗資料学研究』22号、228-229頁、2017年）や遠山にも記述されているが、1937年時点では安別への航路は小樽から延伸されて富山県の伏木港発着となっている。

39　前掲、筆者の論考（「「樺太航路」開設に伴う樺太地域社会への影響－伏木、青森との航路を事例にして－」『歴史民俗資料学研究』228-229頁、2017年）や遠山にも記述されているが、1937年時点では安別への航路は小樽から延伸されて富山県の伏木港発着となっている。

40　前掲、若泉『樺太紀行　北緯五十度の旅』1931年、223頁。

41　『樺太日日新聞』1931年5月1日に「西海岸は第一期で既に五万石を突破今後尚ほ不良な天候が續いても七万石

　出稼ぎ漁夫は「皆四月中旬にやつて來て十月には各々内地に切揚げて又漁業に從事して居る相だが安別に殘る各漁場主じや冬は全く從食して居るのである」と越年する漁場主の生活は大変だった。出稼ぎ漁夫は本州方面から来ていた。滞在期間も定期船が発着する４月〜10月の間であった。定期船の役割は貨物・出稼ぎ者・観光客の輸送が目的であると理解ができる。もう一方の産業である炭鉱は、主にコークス原料となっていた。炭鉱用に「事務所、發電所、社宅等木造ではあるが完成して電燈もあり立派な炭坑部落をなして居る。・・・何れ近き將來には安別部落にも配電するとか聞いて居る」とある。1938年に炭鉱が稼働したことが一漁村に過ぎない安別が発展する契機となった[42]。

　また、安別へは来訪手段が限られるためか、地域外から人が訪れると大々的な歓送迎会が行われていた。

　　　　夏期中國境視察に各方面より名士の來訪が時々ある。其の時の歡送迎會が又ふるつて居る。出場人物は各官公所の代表と部落の有志であるが頭數が少いのでいつも決つた顔ばかりだ。お互ひに一品一本御持參で小學校に集り小供の机、椅子を並べて國境民の氣焰を上げるのである。全くの色氣抜きで實に殺風景な宴會であるが土地には應はしい十數年來の意義ある傳統である。當地勤務の官公吏及有志の歡送迎も亦祝祭日に於ける祭典もこうして小學校で部落擧つて行はれる。

　安別では、上述の通り小料理屋など日常的に飲食ができる店はあったが、料亭など宴会が可能な飲食店はないと推測する。また、旅館などは文献等から明らかにされているが[43]、校舎を活用してもてなすのが、行事の一環となっていた。それだけ、住民や出稼ぎ者などの滞在者の人間関係が濃密であり、人々に深いつながりがあった。若泉はこの点に関して「眞の親兄弟より以上の親しみが出て安別四十戸の住民は恰も一家族の如き觀がある」と住民の特徴であった[44]。

　安別の娯楽は限られており「夏期中二、三回國境見物を兼ねた旅藝人（極く身輕な浪曲師、講談師、琵琶師と言つた種類）が来る位である」とあり映画館や劇場はなかった。娯楽の面においても移住

を下る事なし」との見出しがある。記事は「今年は西海岸の錬漁期に入つてから餘り大きいものではないが終始低氣壓の襲來があり漁獲ふにまかせざるものがあるけれども、錬の群來は非常に濃厚なるものがあり各漁場とも數年來見なかつた程の大漁に大喜びである、即ち去る廿九日には既に最北部安別の漁場では漁獲を見てゐる」と錬漁が行われていた。安別でも錬が漁獲されていたと分かる。また、鱈漁も行われており棒鱈が「一、壹ト　棒鱈　皆掛〆千六百拾參〆八百匁　内〆百貳拾六〆匁風袋引　正味〆千四百拾七〆八百匁　キロ束五百五拾七束貳　値段　參円參拾錢替」などと取引が行われていた。商店の買い付け行われていたということは、安別の棒鱈は市場に出荷ができる規模であると推測できる。（『昭和九年　樺太出張買入文書　自六月　至九月』、「小樽・長谷川商店文書」、北海道立文書館所蔵）

42　三木理史「第九章　一九三〇年代の樺太における石炭業」『移住型植民地樺太の形成』2012年、305-333頁。

43　前掲、若泉『樺太紀行　北緯五十度の旅』1931年。若泉は「部落に歸り、其の名がふさはしい國境館といふのに宿をとる。夜は部落の人達が代る代るやつて來て、都の話を聞き又は安別の話しを聞いて、夜の更けるのも知らずに過した」（222頁）とある。宿の名前が「國境館」であった。出稼ぎ漁夫や商人向けよりも、観光客向けの宿泊施設ではないだろうか。安別が観光地である一端を表している。

44　前掲、若泉『樺太紀行　北緯五十度の旅』1931年、223頁。

者向けに劇場や各種の店が早くから出来た豊原や大泊とは異なる。最後に遠山は次の言葉で締めている⁽⁴⁵⁾。

　　　　内地に比較して一般に収入の多い點もあるがまだく（まだ）植民地氣分が旺溢して居る（中略）勞働者の鼻息荒く確かに景氣は良い。稿を終るに臨み非常時意識の日増に濃厚なる今日「國境の街」安別の前途益々洋々たるを想ひ躍進を祈つてやまざるものである。

　1937年は日本領樺太の終わりに近づいているが、安別はまだ形成過程であった。それは安別という場所の開発が他地域とは目的が違っていたことにある。しかし戦時色が濃くなる中で、遠山は安別も国境に接する街であったことで、戦時への足音を理解していたのかもしれない。

第2章　国境における山火

　本章では、度々起きていた山火事件から浮かび上がる国境付近の日本やソ連側の人々の動きや様子を検討したい。山火の事件性ではなく国境の周辺にどのように人々が立ち入り、入った人々に対しての対応が警備担当者等によりどのようにとられていたのかを視点に比重を置く。呼び方は、森林火災ではあるが資料の表現に依拠して「山火」と使う。安別に限定すると資料の制約もあるため、範囲を日本領樺太の国境全体に広げる。

2−1　樺太国境周辺の山火

　1905年以降日本領樺太となった後、山火が国境周辺でどの程度に発生したのか判明しない。しかし、1929年の資料から明確ではないが6月など初夏の頃には起きていたようだ。
　1929年6月14日頃に安別と中央部の半田沢周辺の国境を接する2箇所で山火が起きた。その山火を事例に国境付近で起きる山火を検討する⁽⁴⁶⁾。

　　　　安別「ビリヲ」及半田澤「オノール」國境附近ノ山林ニ火災起リ「ソ」聯邦領内ハ既ニ消止メタルカ日本領ハ未タ燃エツツアリテ再ヒ自國領へ延燒ノ處アルニ付相互ニ國有山林ノ保存ヲ共助スル意味ニ於テ速ニ之カ鎮火ノ方法ヲ講セラレタキ旨並ニ國境監視人ハ屢々密獵者ノ足跡ヲ認ムルアリテ是等密獵者カ不注意ニ取扱ヒタル火氣カ山火事ノ原因トナルコトアルヘキニ付

　内容からソ連領内の山火は鎮火されたようだが、日本領内は鎮火が進まず延焼が続いていた。そ

45　前掲、遠山「樺太國境　安別を語る」『財政』第二巻九号、1937年、285頁。
46　国境に近い半田沢は地図を確認した限りでは、郵便交換所以外の建物は確認できない。その南の「半田」には数軒程度の建物が確認できる（前掲、樺太地図研究会編『樺太二万五千分の一地図集成 B（91-182）』「半田澤（二）」、2000年）。最も半田沢に近く生活者がいるのは「古屯」のようだ。小学校やアジア太平洋戦争末期には鉄道も通されている（前掲、西村『南樺太〔概要・地名解・史実〕』1994年、高速出版、438頁。）。

れを日ソ間で何か良い方法がないのか模索していた。また、山火の原因は、文書では密猟者による
ものと推測していた。

　日本領内での密猟者に対しては厳重に取り締まるようにソ連側官憲から依頼もあった[47]。また、
さらにソ連側は「山火事ニ對シテハ當方ニテハ住民ヲ強制的ニ動員シテ火事場ニ送リ消防セシムル
等「ソ」官憲ハ常ニ特別ノ注意ヲ拂ヒ居ルニ付」と山火が起きると住民も消火活動を手伝っていた。
ソ連側も山林が自国の財産と見ていたとうかがえる。

　日本側はソ連が消火活動に住民を動員したのは、思惑があると考えていたようだ。それは次の一
文から読み取れる。

　　　　蘇官（憲）森林ニ対スル感念竝ニ山火事ヲ懼ルルコトハ吾人日本人ノ夫レト大ニ相違ス点ア
　　　ルニ付此ノ間ノ事情ニツキ我当局ノ注意ヲ喚起シタシ蘇聯邦外國貿易ノ趨勢ヲ見ルニ輓近輸
　　　出貿易品ノ大宗タル穀物ハ革命ト新制度ノ失敗ヲ物語レルモノカ連年不作ニシテ輸出貿易ニ
　　　於ケル地位低下セリ去ル迚地下埋蔵ノ富源ハ之レカ発掘ニ莫大ノ投資ヲ要シ容易ニ採取スル
　　　ヲ得ス比較的容易ニ輸出シテ現金ニ代ヘ得ル商品トシテ天然資源中木材ノ外ナク

　日本は革命、連年の不作、輸出貿易の地位低下とのソ連の国内事情が背景にあると見ていた。ソ
連は富源を採掘するのには莫大な投資が必要で「容易ニ輸出シテ現金ニ代ヘ得ル商品トシテ天然資
源中木材ノ外ナク」と日本への木材輸出を重要視していた。換言すると、国境付近の森林は経済を
支える存在であった。

　結果的に鎮火の共助、失火の原因となる密猟者の取締りに結びついたが、日本側はソ連官憲に対
して疑心暗鬼になっている側面もうかがえる。

　　　　山火事消防問題ノ如キ申出ハ道理アルコトニシテ敢テ反対スルニ及ハサルヘキモ露人ハ常ニ
　　　空理空論ニ馳セ相手方ニハ実行シ得サル要求ヲ強ヒ自己ノ不履行ヲ意トセサル如キ傾アルニ
　　　付充分具体的ニ研究スル必要アルヤニ考エラル

　ソ連側に意見をしても実行性が伴わないので信用ができず、不信感を抱いていたようだ。また、
6月14日に安別で発生した山火では、日本側は警察官や森林主事、火防人が現場へ急行していた[48]。
その様子を次のように報告されている。

　　　　六月十四日安別ピリウヲ間國境附近ニ山火發生セルニツキ」所轄安別警部補派出署員人夫三
　　　名引率現場ニ急行シ」更ニ十五日準備ヲ整ヘ所轄森林主事及ビ警察官火防人夫拾名ト共ニ出
　　　動セルガ」幸ニ十六日ニ豪雨モアリ十七日ニ至リ全ク鎮火セリ」發火地點ハ」西海岸ヲ東方

47　JACAR（アジア歴史資料センター）Ref. B09041389900、「山林火災関係雑件 / 戦前期外務省記録」（外務省外交
　　史料館）アクセス日付　2018年4月29日
48　前掲、JACAR: B09041389900、「山林火災関係雑件 / 戦前期外務省記録」（外務省外交史料館）

二距ル約二里伐開線ノ中央ラシク」被害ノ程度ハ」燒失區域伐開線延長三百間邦領立木燒損材積約五拾石」露領約二百石餘面積二町歩（露領ニテ實測不能）ノ見込ナリ」

　安別で発生した山火は西海岸の東方2里の場所であった。焼失の規模は300間木材は50石の被害であった[49]。ソ連側の被害も記載されているが規模は明確ではない[50]。降雨があれば、自然に消火することもあった。

六月十四日安別「ピリウオ」間國境附近ニ山火事起レルニ付安別警部補、派出署員、人夫三名引連レ現場ニ急行シ翌十五日所轄森林主事警察官防火人夫拾名ト出動セルカ全十六日豪雨アリ翌十七日全ク鎮火セリ火ハ西海岸ヲ東方ニ距ル約一里伐開線ノ中央ラシク被害程度ハ燒失區伐開線延長三百間日本領内立木約五百拾石ノ見込ナリ

　国境警備の職務には、国有林である樺太の森林を守ることも仕事の一環であるとわかる。ただ、安別の山火に関する情報が少なく実態は明らかではないが、山火の発生を警戒する場所であった[51]。
　同じく国境に近い半田沢は安別のように一般的な生活者が見当たらない。また、不明点として山火が起きることと地域社会への影響は判明しなかった。
　しかし、安別のような場所で警備要員が居たのは単に対ソ連への国境警備だけではなく、日本側も財産となる森林を守るために常駐していたようだ。その意味で、安別の警備は山火からも守っていた。

2－2　山火にみる国境付近の日ソ関係

　1929年6月に安別・ピレオ間付近で起きた山火と同時期に中央部の国境に近い半田沢とソ連側のオノール間でも山火が起きていた。山火は出火地域が豪雨になり延焼は鎮火したが、半田沢・オノール間の山火は「発火ノ原因ハ露國側ニテハ邦領鮮人ノ失火ナラント言フモ我邦ニテハ此方面ニ露領「ギリヤーク」人多数入込ム情報モアリ「オノール」方面同様之等ノ失火ト認メラレ目下極力調査中」と日ソ間で見解に違いがあった[52]。それだけ、双方で情報が錯そうするなど山火の原因は特定が難しかった。また、樺太の朝鮮人に対しては「猶ホ日本領鮮人密猟者ニ対シテハ従來通リ

49　前掲、JACAR: B09041389900、「山林火災関係雑件／戦前期外務省記録」（外務省外交史料館）
50　前掲、JACAR: B09041389900、「山林火災関係雑件／戦前期外務省記録」（外務省外交史料館）
51　1931年6月9日『樺太日日新聞』「國境近き露領から　山火二ヶ所発生す　漸次邦領に延焼の形勢」で安別付近と半田沢付近の山火事件を報じている。「六日午後三時頃露領ピレオ川流域で西海岸から三里計り奥の國境附近から山火事が発生、火勢は猛烈にして奥地に向つて延焼中であるが調査したる處に依れば発生したケ所は露領に属する分は伐採跡になつて居るが之に接續する邦領は密林地帯の爲め延焼の虞もあるし延焼すれば被害が大きいので目下大いに警戒中の由である」と本稿の時期とは多少異なるが、ソ連側は伐採されていたが日本側は「密林地帯」と当時の森林の様子が記されている。延焼が進んでしまう背景には、「邦領の南樺太南部は降雨續きであるが北樺太は可成り乾燥してゐるらしいから或ひは延焼して相當な被害を受けるやも知れずと観測されてゐる」とサハリン島内でも気象に差があることも山火の延焼に影響を与える可能性があることがうかがえる。
52　前掲、JACAR: B09041389900、「山林火災関係雑件／戦前期外務省記録」（外務省外交史料館）

厳重ニ取締ルヘシ」と厳重に取り締まっていた。

　6月4日に国境標近くで山火が起きており、日本側はソ連の外務交渉員に対して「日本政府ハ地方蘇官憲カ国境附近ノ消火ニ関シ應急対策ヲ講シ且ツ将来両国ノ資源ヲ火難ヨリ保護スルコトヲ希望シ居シリ」とソ連側が消防設備等を整えることが結果的に両国の資源保護につながるので、対策するように照会している。それに対して、亜港の総領事宛にソ連の外務交渉員回答は、監視の強化もするが「日本領ヨリ「ソヴィエト」領ニ延焼セルコトアルニ鑑ミ日「ソ」國境ニ近接スル南樺太ニ於テモ消防施設ノ擴張ニ関シ樺太廳長官ト御交渉アラレンコトヲ請フ旨御通告スル光榮ヲ有ス」と日本側にも消防設備を整えるように申し入れている[53]。国境を接するふたつの国の意見には「ズレ」が生じていた。

　次に、山火の発生にはどのように対応していたのだろうか。1930年8月11日頃にムイカ川上流で起きた2件から具体的な方法がわかる。では、2件の山火はどのような内容であったのか[54]。

　　　　日本領ムイカ川流域ニ發生セル幅二キロメートルニ亘ル山火ハ露領ニ延焼セントシ己ニ屡々越境シタルニ付熱心ニ消火ニ當リ居ルモ貴庁ニ於テモ至急対策ヲ講セラレ度旨特ニ依頼アリタリ」トノ電報アリ即時所轄林務署及ビ警察署ニ適當処置ヲ命ズル

　内容から山火は国境線を縦断した延焼であったとうかがえる。また、樺太側の林務行政を担当する敷香林務署長から亜港の総領事への報告によると「ムイカ川上流ニハ目下山火二件アリ一ハ露領ヨリ邦領多来加事業区十七林班内ニ延焼邦領約二〇〇ヘクタールヲ焼失二ハ邦領多来加事業区十五林内ヨリ発火約三〇〇〇ヘクタールヲ焼失セルモ露領ニハ延焼セズ目下何レモ鎮静ノ状態ニアリ」と樺太内の延焼規模は大きいが、国境を越えた延焼は1つであった。その理由に「附近一帯ハツンドラ地帯ニテ殆シド損害無キモ消火容易ナラズ」と自然の要因があるとして、「林務官吏警察官吏人夫ヲ監勵シ警戒中ニテ邦領ハ降雨ヲ俟チ鎮火セシムル

表―5　樺太国境付近の山火事件

1	日時	昭和五年七月七日午後一時十分
2	発火地点	露領ニ発火シ邦領散江事業区遠内国有林大林班イ、ニ小班ニ延焼ス
3	原因	不明ナルモ當時同地方方面ヲ来住セシ上野庄次郎、石井鼎助両名ノ供述ニ依リ（上野庄次郎ハ六月二十八日以来鉱石採取ノタメ現場附近ノ邦領ヲ徘徊シ七月八日下山ノ所ミ下山當日現場方面ヨリ発火セシヲ目撃セシ趣又石井鼎助ヘ別冊聴取書写ノ通）要スルニ其ノ露領ヨリ延焼セシ事実ト認メラル
4	状況	延焼地点ノ林況　発火地帯タル露領ノモノハ不明ナルモ邦領延焼地帯ノ林況ハ椴松、蝦夷松及落葉松ノ三種混淆林ニシテ毎「ヘクタール」當リノ蓄積約六十立米ナル老齢林「ツンドラ」地帯ヲ含有ス
5	風向風力	発見當日ハ北ノ軟風ナリキ
6	配置状況	消防配置ノ概況　百五十餘名ノ防火員ヲ十班ニ分割シ浅瀬、遠内両官行事業所全員ヲ始メ担當駐在森林主事及警察官協力指揮シ専ラ延焼ノ防止ニ努メタリ
7	出動人数	消防出動延人員五〇八名ノ外警察官所員及常備員一一四名
8	鎮火日時	昭和五年七月十五日午前四時
9	鎮火地点	別紙添付図ノ表示点（防火線）ニ於テ鎮火ス
10	鎮火概況	人為以外更ニ一五日午前四時ヨリノ降雨ニ依リ鎮火シ得タリ被害面積百五十「ヘクタール」材積約一万立方米ニシテ此ノ損害価格一万三千百九十円
11	出火責任	具体的ニハ判明セサルモ露領ヨリ延焼ノ実況ニ就キテハ発見　有無　第三項所載ノ通
12	備　考	鎮火後ト難モ臨時大防巡視人二名ヲ置キ監視セシメタリ

出所：JACAR（アジア歴史資料センター）Ref.B09041389900「山林火災関係雑件／戦前期外務省記録」（外務省外交史料館）より転載・作成。アクセス日付2018年4月28日

53　前掲、JACAR: B09041389900、「山林火災関係雑件／戦前期外務省記録」（外務省外交史料館）

54　前掲、JACAR: B09041389900、「山林火災関係雑件／戦前期外務省記録」（外務省外交史料館）

見込ナルヲ以テ邦領外ノ消火ニ付貴官ヨリ可然御交渉ヲ乞フ」ト打電シ置ケリ」と降雨で鎮火すると見込んでいた。つまり、人間による消火作業はするが、一方で天候にも任せていた。

　一例に、1930年7月7日に発生した山火の状況を表にすると表―5になる。一覧表からは出動人数は延べ508人であり、消火における人員不足はなかったようだ。鎮火後にも監視員を配置して警戒を続けていた。ソ連領からの発生であり、国境での山火には神経を使っていた。

　山火は東海岸最北にある遠内の南に位置する浅瀬や新たにムイカ川上流の国境付近でも発生している [55]。ムイカ川上流の山火は密猟者が山に入り、その時の火が山火へとつながった。鎮火後は、林務署の調査隊と国境線に近い半田沢の警察官が山火の発火点を探したが見つけられずに戻ってきた。山火の捜査も国境付近での重要な職務になっていた。

　山火が起きると林務署や在郷軍人会も国境に入り、その状況を確認していた [56]。森林が樺太の財産であるため、対応には神経を使っていた。山火の発生は日ソ双方にとって緊張を呼び起こすひとつの要因であった。

第3章　樺太最北の漁業

　前章では、山火の視点から国境全体を視野に入れ日ソ両国に起こりうる問題を述べた。本章では、安別を軸にして地域の主要産業であった漁業が国境を接するが故に、1920年代中頃から1930年代初頭にかけてどのような問題が起きていたのかを検討したい。

3−1　国境の漁船取締り

　本節では、北緯50度の西海岸ソ連側南端のピレオ付近へ安別の漁船が入った問題からどのように取締りを受けていたのか検討したい。

　安別在住の漁夫3名が1926年7月22日に出漁して翌23日に帰還したが、『南樺太沿岸漁船取締』によるとソ連領側に同年8月3日に越境していた [57]。

> 客月二十二日午後七時頃鰊漁業ノ為川崎船ニテ同村字赤敷沖合（同所ハ国境迄約二海里）七把ヲ投シ置キタル処翌二十三日午前三時頃俄ニ南風起リ潮流急トナリタル為投網ヲ引揚ケムトシ努力シタルカ其ノ一部ヲ引揚ケタルノミニシテ遂ニ露国領海内ニ流サレタル処ピレオ見張所官憲ノ為四発発砲サレシモ負傷ナク死力ヲ儘シテ帰還セリ。

　漁夫たちは赤敷で操業していた。内容から鰊漁のため出漁した川崎船は23日に入り南風が強く吹き潮の流れも相まって、岸へ戻る努力をしたがソ連領海へと入ってしまった。領海に入ったところ、

55　前掲、JACAR: B09041389900、「山林火災関係雑件／戦前期外務省記録」（外務省外交史料館）
56　前掲、遠山「樺太國境　安別を語る」『財政』第二巻九号、1937年。遠山は安別での非常態勢について「防禦體形は警備員を中心に在郷軍人團、青年團、消防組其他全部落十七歳以上の男子を一團として出来て居る」（282頁）とある。本稿の時期区分より7年後になるが、国境では様々な人選で警備要員を組織していた。
57　JACAR（アジア歴史資料センター）Ref. B09042037600、「極東露領沿岸ニ於ケル漁業雑件／蘇官憲ノ圧迫及漁船拿捕関係　第一巻」（外務省外交史料館）、アクセス日付2018年4月30日

ピレオ側にいたソ連官憲に発見され発砲された。つまり、国境線を越えた時点で容赦ない対応を受けていた。

時期は異なるが1930年9月の「「ソ」國漁船領海内ニ漂流ノ件」では、親鵜から鱈漁に出漁した漁夫がソ連側の漁夫に遭遇していた[58]。その様子は以下のようであった。（□は判読が出来ない文字である。以下同じ。）

　　客月七日管下名好郡名好村大字安別字親鵜小川漁場ノ漁夫（中略）午前五時頃全地沖合ニ基米ノ海上ニ出漁中漂流スル川崎船ヲ認□之ニ接近セル処邦人漁夫ト思料シタルニ意外ニモ「ソ」聯邦人カ小銃ヲ擬シ威嚇シ居リタリサレド事茲ニ至リテハ更ニ接近セサルヘカラサル状況トナリタルヲ以テ急遽彼ノ船側ニ至リ前記漁夫中ノ山口伊三蔵カ露語ニテ「何故ニ我カ領海内ニ入リ来リタルヤ」ト糺問シタルニ「ソ」聯邦人漁夫八名中ノ「リーダー」ト思考スル者カ之ニ答ヘテ曰ク「八月六日午後「ピレヴオ」沖合ニ於テ流網漁業中疲労ノ爲船内ニ就眠シ時経テ目醒メタル時ハ既ニ潮流ノ爲日本領海内ニ流出シタルヲ発見シタル次第ニ付此ノ顛末ヲ日本官憲ニ申告セサル様願度」ト述ヘテ北方ニ進行シ「ソ」國領海内ニ皈還シタリト

報告によると遭遇したのはソ連の人々とみられる。国境が近いこともあり、ソ連の漁夫も日本（樺太）の領海へ入っていたようだ。つまり、反対のことも起きていた。

再び『南樺太沿岸漁船取締』に戻るが、一件の後に在亜港総領事を訪問した外務交渉員の「ウヲリフ」氏は[59]、安別の住民が国境を越えピレオ岬を過ぎて漁をして、漁船が100隻以上にもなっており、小銃が当たる距離まで近くにきている。そして、「「ソ」聯邦ノ國境監視ニ依レハ無断國境ヲ越ヘタル者ハ之ヲ射撃シ得ルコトヽナリ」と無断の越境を見つけ次第の対応は厳しかった。また、このような事態が続けば「將來國境附近ニ於テ是等日本漁夫ヲ銃殺スルカ如キ不□事件□生スルヤモ計リ難キニ付本邦官憲ニ於テ充分取締方豫メ御注意アリタキ旨ヲ申出タリ」と死傷者が出かねない状況へと進む気配があった。最悪の事態を避けるためにも「領海問題ハ日「ソ」両国間末タ解決セラレタルヲ聞カスト雖モ兎ニ角小銃ノ射程距離内近ツクコトハ危険ナリト思考セラル」と近づかないことを周知する必要との考えがあった。

1926年10月21日には、在北樺太外務人民委員部交渉署（ソ連）から在亜港日本総領事館宛に送られた文書からソ連側は不満を持っていた[60]。

日本の漁船は「北樺太西海岸「ピリウオ」岬附近ナル「ピリウオ」村及ヒ其北方ニ於ケル「ソヴィエト」聯邦領海内ニ於テ屡々漁労ニ従事セル日本漁船発見セラレ且ツ右漁船ハ海岸ヨリ三百乃至五百米近クニ出漁スルコト少カラサル趣ナリ」と海岸線から近距離の位置で漁を行っていた。それ

58　JACAR（アジア歴史資料センター）Ref. B10074517900、「外国船舶遭難関係雑件／戦前期外務省記録」（外務省外交史料館）、アクセス日付2018年4月30日

59　前掲、JACAR:B09042037600、「極東露領沿岸ニ於ケル漁業雑件／蘇官憲ノ圧迫及漁船拿捕関係　第一巻」（外務省外交史料館）

60　前掲、JACAR:B09042037600、「極東露領沿岸ニ於ケル漁業雑件／蘇官憲ノ圧迫及漁船拿捕関係　第一巻」（外務省外交史料館）

らの行為は「國際公法ニ背犯ヲスルコト明カナルノミナラス他面日露両國ニ存スル強固ナル善隣関係ヲ阻害スルモノ」と漁夫の行いは、国際問題にも発展しかねないと警告する。在亜港総領事館に対しては、「日本官憲ニ依リテ「ソヴィエト」聯邦領海内ニ於ケル日本人ノ不法漁労禁止方ニ関シ適當ノ措置ヲ執ラレンコトヲ依頼スル」と取締り強化を依頼するとともに、今後「此種不法行爲ヲ繰返シタル場合「ソヴィエト」聯邦官憲ハ斯カル際執ルヘキ普通手段ニ出スルノ止ムナキ□ヲ御承知アランコトヲ請フ」と、「普通手段」とは何を指すのかは判明しないが、小銃の使用もしくは身柄拘束などをすると考えを示していた。

また、沿海州のウラジオストク方面に出漁していた樺太の漁船が密漁の疑いで、船員が取調べを受けていた[61]。その際にも「露國側ニ於ケル沿岸ノ監視ハ近来極メテ嚴重トナレル」と安別に限らず、監視は強化されていた。

また、北緯50度を越えて南下して安別に入港する発動汽船がソ連側ピレオ付近を航行中、ソ連の官憲に発砲される事件も起きている[62]。

　　　北樺太ヨリ管下安別入港本部發動汽船コウフク丸ハ二十七日□前九時二五分「ピレオ」沖ヲ
　　　航行中露官憲ニ発砲セラレ船体ニ命中セルモ人命ニ異常ナシ取調中

船体に銃弾を受けるが人命に関する事件ではなかった。その後「北樺太鑛業会社所属汽船興運丸（？）十一月二十六日午前九時頃「ピレオ」岬附近難船ノ際「ソヴィエト」国境監視所より空砲信号アリタルヲ以テ引返サントセシ際実弾数發□□射撃□受ケタリ乗組員便乗者六被害□□リシモ□舷ニ彈跡ヲ止メタリ同船ハ目下天候険悪ナル為其筋ヨリ「ピレオ」附近ノ脱□□□ヲ得居リタルニ付」と船体に被弾したことで航行が難しい状況がソ連側には怪しく見えたようだ。そのためか「「ソヴィエト」側ノ手落チナルノミナラス信号ニ應シテ引返シ□□アル汽艇ヲ射撃セルハ不法極マル」と危険信号を受けているにもかかわらず発砲したことを批判している。また、船会社も将来のピレオへの寄港の中止を示唆していた。ただ、ソ連側の官憲は「当地官憲側ニ於テ既ニ基ニ過失ヲ自認シ居レル旨ヲ聞込ミタル由ニテ」と発砲行為に及んだことは行き過ぎと認めていた。日本側も「此ノ際彈ヒテ追求スルハ不得策ナリトシ」と穏便に処理しようとしていた。

さらに、銃撃を受けた汽船に乗務していた日本人が「汽艇ニ便乗帰朝セル本邦人中内地ニ於テ新聞ヲ通シテ事實ヲ誇大ニ吹聴スルモノナシトモ限ラレサルノミナラス」と、この一件を出身地で広めてほしくないとの考えがうかがえる。一方で、「国境監視兵ハ既電ノ警告ヲ實行シツツアリト考ヘタルニ付電報ス」とソ連の官憲は少しでも日本側が怪しい行動に出れば、銃撃等に踏み切るようになってきた。安別近海での漁業は緊張が伴っていた[63]。

61　前掲、JACAR:B09042037600、「極東露領沿岸ニ於ケル漁業雑件／蘇官憲ノ圧迫及漁船拿捕関係　第一巻」（外務省外交史料館）

62　前掲、JACAR:B09042037600、「極東露領沿岸ニ於ケル漁業雑件／蘇官憲ノ圧迫及漁船拿捕関係　第一巻」（外務省外交史料館）

63　名好郡内の治安状況は「安別、西柵丹、名好地方ハ西部北樺太ト接續シ警備上最モ枢要ノ地點ニシテ海陸共彼我

3―2　ソ連監視船と遭遇する漁船

　本節では、取締りを受けた側の視点に立ち、1931年に起きた不法拿捕を国境付近で漁業に従事した人々の実態から取り上げる[64]。

　安別在住の朝鮮人船長を含め以下５名が鰊漁に出漁した時にソ連に所謂「拿捕」された。経緯は８月11日午後４時頃に鰊漁のため安別沖に出漁して、13日午前３時頃に妻内沖で漁を終え帰ろうとしていた[65]。当時の天候は濃霧であり、一隻のソ連監視船が霧の中から現れた。

　　　「ソ」聯邦船（發動機船ニシテ船側下部ハ白色上部ハ黒色、乗組合ハ五名ニシテ中武装「ゲ、ぺ、ウ」
　　　三名居タリ）現ハレ該漁船目掛ケテ進行シ來リ左船側ニ衝突艪場二箇所及艪一挺ヲ破壊シ且
　　　乗組員ノ一名ハ無言ノ儘邦船ニ移乗シテ「ロープ」ヲ掛ケ北方ニ向ケ曳舟シタル

　樺太内ではあったが、ソ連の監視ケペウと見られる３名のソ連監視船の乗組員は川崎船を曳航しようとした。その際に朝鮮人漁夫は、朝鮮語にて領海内であることを強く主張した。しかしながら、次の一文から曳航は続いていたと読み取れる。

　　　看視セシ「ソ」國人ハ露語ニテ「自分ハ何モ分ラヌ「ゲ、ぺ、ウ」ニ聞ケト言ヒシガ漁夫等
　　　ハ其ノ後二十分間北航セシト思ハルル頃安別海岸ヨリ約二涅沖合ニ差懸リタルヲ發見シ朝鮮
　　　語ニテ「之ヨリ北ハ露領ナリ此處ハ安別デアル」ト怒號シ且一同ハ船板ヲ手ニ手ニ持チ之ヲ
　　　以テ船体等ヲ強ク叩キ續ケタル處「ソ」看視船ハ之ヲ如何ニ考ヘシヤ「ロープ」ヲ取外シ北
　　　方ニ進行シタルヲ以テ一同安堵シ安別ニ歸村致候

　内容からソ連の監視船が樺太内の領海に入り不法に拿捕をしたのは明らかであろう。理由は判然としないが、「前記「ソ」聯邦ノ行爲ハ寔ニ不都合ニシテ斯ノ如キ事件瀕出スルニ於テハ同地方居住民ハ我領海内ト雖安ンジテ出漁スルコト能ハズ同地方唯一ノ財源タル漁業ニ影響スル處甚大ナル」とその後に記述されている。拿捕されることは、安別で暮らす人々の生活を脅かすことでもあった。

　このような事件は度々起きていたようで、上記の漁船が拿捕される以前の1930年10月３日の『樺日』に「拿捕された／理由は判らぬ／自在丸は安別の漁船」との見出しで出漁した漁船が捕まった

───────────────────────

　ノ交通比較的容易ナリ、從來「ケ、ぺ、ウ」ノ群□時々武装シテ我漁船ニ發砲シ本邦漁夫等ノ恐怖ニ乗シテ掠奪
　ヲ敢テ爲ス等ノコトアリタル」とある。人口が少なく海上にも出やすいなど日本側（樺太側）に入りやすい環境
　があった。また、「昭和十年頃ヨリ我國ニ對スル對敵行動露骨トナリ」と年を追うごとにソ連側の動きも増えてき
　たようだ。（前掲、JACAR:B05014011000、「本邦国境取締法制定一件／第一巻」、外務省茗荷谷研修所（外務省外
　交史料館）「一、國境治安概況」「（一）西海岸國境地方」）
64　JACAR（アジア歴史資料センター）Ref. B09042043200、「極東露領沿岸ニ於ケル漁業関係雑件／蘇官憲ノ圧迫
　及漁船拿捕関係　第五巻」（外務省外交史料館）　アクセス日付2018年４月29日
65　文書では「八月十一日午後四時頃樺太東海岸名好村安別沖合ニ出漁漸次南方ナル同村妻内（國境線ヨリ南方一里
　半）海岸ヨリ約二涅沖合ニ移動漁業シ翌十三日午前三時頃漁撈ヲ終リ安別歸還セムト準備中・・」と、出漁した
　のは11日で帰還したのは「翌13日」と記述されている。12日の誤りなのか13日まで漁を行ったのか判断ができな
　いため、本稿ではそのままの「13日」で記載をした。

と伝えている。

　　　昨報の漁業發動機船にしてピレオに於て露國監視船に拿捕された自在丸（十四噸）は安別の
　　漁船でその乗組員は船長藤山眞次郎以下六名であるが、現在の處では拿捕された理由も、場
　　所も各方面からの報告が區々である爲めに詳細な點は一切不明である

　記事の内容を推察すると、拿捕地点は「ピレオ」と報じていることから樺太の領海を越えてソ連
領に入り拿捕された可能性がある[66]。川崎船の不法拿捕や『樺日』の記事から安別では出漁時に
危険が伴っていた[67]。対策は「樺太廳ニ於テハ陸上國境取締ノ万全ヲ期スルト共ニ海上警戒ノ爲
目下警邏船建造ノ計劃中ナルモ前記事實ニ照シ「ソ」聯邦官憲ニ左記趣旨ノ抗議致度旨同廳長官ヨ
リ申越候可然御取計相煩度此段及御依頼候也」と陸側からの監視だけではなく、海上警備用に巡視
船も準備していたとうかがえる[68]。
　1931年の拿捕に関してソ連の外務交渉員に申入れを行っている。結果、漁業が安定して行えな
いとするのならば計画中の警邏船で「實力ニ訴ヘ國境ヲ防護スル必要ヲ生シ日「ソ」兩國トモ無用
ノ失費ト不愉快ナル對抗ヲ持續スルニ至ルヘキ」と対応策を講じる必要性を示している。
　ソ連の外務交渉員は「邦船ノ不法拿捕セラレタルハ八月十一日ニシテ鮮人漁夫ノ本邦領ニ逃走セ
シハ八月十五日ナレハ全然其ノ時日ヲ異ニスルノミナラス不法ニ拿捕セラレタル船員鮮人等ハ安別
定住ノ漁夫ニシテ露領ヨリ渡來セルモノニアラス事實ハ之□ヲ混同スルヲ許サス」と厳密な調査を
行い回答をしているがピレオから安別へと越境したソ連側在住の朝鮮人と安別在住の朝鮮人の越境
を混在して考えているようだ。また、日本側も実際に漁夫がソ連側に連行されたわけではないため、
証言以上の証拠が何もないので曖昧なままこの事件は終わるだろうと考えを示している[69]。
　ひとつの教訓として「當地蘇官憲ノ注意ヲ喚記シ「ピリウオ」ニ於ケル地方官憲ニ對シ警戒セシ
ムル効果アリタルモノト信ス」と日本側がソ連側を警戒していることだけは伝わったようだ。
　以上から国境付近で漁業に従事する漁夫は、常に拿捕される可能性が伴っていた。樺太内の西海
岸北西部で出漁するのには注意が必要であった。一方で、ソ連領から樺太に入る場合は分からない
ため今後の課題である[70]。

66　その後、『樺日』を閲読したが詳細は判明しなかった。
67　前掲、JACAR:B05014011000、「本邦国境取締法制定一件／第一巻」、外務省茗荷谷研修所（外務省外交史料館）。
　　領海侵犯また国境の越境について報告が記載されている。
68　前掲、JACAR:B09042043200、「極東露領沿岸ニ於ケル漁業関係雑件／蘇官憲ノ圧迫及漁船拿捕関係　第五巻」（外
　　務省外交史料館）
69　前掲、JACAR:B09042043200、「極東露領沿岸ニ於ケル漁業関係雑件／蘇官憲ノ圧迫及漁船拿捕関係　第五巻」（外
　　務省外交史料館）
70　一例として「領海侵犯事件調　昭和十二年」に「本船ハ六月十日ピレウ北方海上ニ漁撈中時化トナリ六月十一日
　　名好郡名好村大字安別ニ漂着セルモノ　「ソ」聯人漁夫三名乗船セリ」と日本側に漂着するソ連側の人々もいた。
　　その後は「取調ノ結果容疑ノ點ヲ認メズ船員ハ六月二十五日船ハ八月九日安別ニテソ官憲ニ引渡ス」と日本側も出
　　漁者に対して不穏な動きの疑いを持っていたようだ。前掲 JACAR:B05014011000、「本邦国境取締法制定一件／第
　　一巻」、外務省茗荷谷研修所（外務省外交史料館）

第4章　国境を無許可通過する人々

　前章までに山火や漁業から国境が接していることで起きた樺太（日本）とソ連の問題を検討した。では、同時期の1920年代の国境周辺はどのような場所であったのか。先述しているが、既に国境の警備体制などの研究には蓄積がある(71)。そこで、本章では安別の国境という場が特殊な環境であったのかを警備要員の「行動」や国境を無許可通過する人の「動き」に着目して「国境線」が引かれていることを問う。

4—1　国境とは如何なる場所か

　第1章で既述の通り、安別は樺太内で公務や漁業を含め人々が居住する街であり、国境が存在する特徴があった。樺太国境の警備態勢については、先行研究で実態は明らかにされている(72)。表—6で国境への距離を示している(73)。一覧表から安別は800メートル、国境に近い中央の半田が4km、東海岸の遠内は2km、安別が最も国境に近接しており国境の街と分かる。

表—6　国境付近の人口及び戸数　　　　　　　　　　　　　　　　　　　　1937年12月現在

地名	国境からの距離	戸数	人口	地名	国境からの距離	戸数	人口
安別	800m	83	757	半田	4km	12	31
明石	5km	195	1,144	遠内	2km	27	168
妻内	6km	3	9	淺瀬	5km	101	536
赤敷	10km	9	31	辰古	8km	42	195
親鵜	15km	5	84				

出所 ： JACAR（アジア歴史資料センター）Ref.A03022401700、「御署名原本・昭和十四年・勅令第六七〇号・国境取締法施行令」（国立公文書館）より転載・作成。　アクセス日付2019年5月2日

　第1章で参考にした遠山武夫の「樺太國境安別を語る」から樺太の国境の姿が分かる。

　　　國境標からちよつと海に寄つた處に日ソ官憲の會見所がある。兩國警備員が所用ある場合會
　　　見する爲設けた場所であるが何等設備も無く唯國境線を中心にして二坪ばかりの平地が設け
　　　てあるに過ぎない

　国境には建築物はなく、出入国に関する施設は税関監視署であった。税関監視署では「國境通過

71　前掲、加藤「樺太庁による国境警備とサハリン少数民族－1930年代から40年代の樺太庁予算関係資料より－」『北海道民族学』第6号、2010年、41-49頁及び齋藤「樺太北緯五十度線「陸接国境」警備－一九二五～一九三九－」『東京大学日本史学研究室紀要』第22号、2018年3月、243-289頁。

72　前掲、齋藤「樺太北緯五十度線「陸接国境」警備－一九二五～一九三九－」『東京大学日本史学研究室紀要』第22号2018年3月、243-289頁。

73　前掲、Ref. B05014011000、「本邦国境取締法制定一件／第一巻」外務省茗荷谷研修所（外務省外交史料館）

74　前掲、入江『露領樺太覗記』1920年によると、入国方法は「安別から國境を超え一里半にして露領ピレオに到るので、此の間は海岸の絶壁と海浪との間を干潮時を求めて徒歩するのである、馬は通じていないらしい」（3-4頁）とある。内容から海岸線を徒歩で入国していたようだ。入江自身は「五時半に乗船、六時十五分に抜錨した。六時二十九分、北緯五十度の境界線を通過する。一行は既に露國領海に入つたのである」と記述する。出版した1920年頃も海岸線を伝い入国ができたようだ。

來往の旅客と國境通過輸出入貨物の取締を行ふ」と税関業務が行われていた。しかし、入江貫一が訪れたのは、本稿の時代より少し前である。1918年頃は安別からソ連側へは海岸線を伝い出入国していた[74]。

　1925年の北樺太保障占領が終わる頃の警備態勢では、ソ連側の詳細は判別しないが樺太での警備は「日本側ニ於テハ半田沢及安別ニ巡査各二名ヲ置キ普通警察事務ヲ兼ネ国境警備、関税事務等ニ関與シアリ而シテ樺太庁ニ於テハ素ヨリ此人員ヲ以テ満足ノ程度ノモノトハ感知シアラサル」と国境に近い半田沢を含め[75]、国境での業務は警察事務、国境警備、税関業務のいずれにしても、担当業務は可能でも満足のいく人数はいなかった。警備要員だけではなく、出入国業務に必要な人員も不足していた。

　そのため、状況により「警察官吏ノ補助トシテハ事変ニ當リ消防夫、在郷軍人等ニ依頼スル考[ヘ]ノ如シ」と人員不足の場合は消防や在郷軍人会に警備業務の一部を担わせる考えがあった[76]。山火の警戒と同じように人手不足であった。

　また、北樺太から日本軍の撤兵が行われる頃に安別を管轄する泊居支庁は国境の警備に不安があり「特別警備隊」を組織することを意見している[77]。1925年の北樺太撤兵以後は、あまり目立つような事は起きていないが、パルプ業で発展する恵須取には特別警備隊を組織しようとする考えもあった。日本領樺太北部の人口増加、北緯50度を越えて南下する朝鮮人などの対応にあったのかもしれない。また、1926年の樺太庁警察部の資料には、「本島ハ赤化主義ヲ綱領トセル「ソヴェイト」聯邦ト接壌シ我國ノ治安ト相容レサル過激主義ノ宣傳アリ之カ警備ト樺太特有ノ山火警防其ノ他特殊警察事務多ク從テ特段ノ警察力ヲ要スルモノアリ」と国境を接するが故に社会主義思想が入り込んで来ることを危険視し、第2章の山火の警戒等国境を抱える地域に課題としてあった[78]。つまり、自国の治安に影響を与えかねないことも危惧していた。

　出入国の状況について「現状ハ沈静ニシテ密輸入等モ随意ニ行ハルノ状態ニアリ而シテ其文通ハ冬季ハ中央道路ニヨリ夏期ハ西海岸通ニヨル」と、ソ連側とは夏季は西海岸、冬季は中央道路を介して出入りが出来ていた[79]。通過するのは「露人尠シ」であり、北樺太在留の「失業日鮮人ノ南下ヲ見ルノミナリ」の状態であった。この時期は、恵須取や敷香など日本領樺太北部で朝鮮人人口が増えつつあった[80]。そのような意味で、国境は通行しやすい環境であった。樺太庁警察部の資料からは過激思想を有する人物の入国ルートには「入國ノ経路ハ國境陸路ニ依ルモノト海路、汽船、發動機船、其ノ他川崎船等ノ漁船ニ便乗シ沿岸随所ニ上陸スルヲ以テ」と挙げてその方法が複数あ

75　JACAR（アジア歴史資料センター）Ref. C13071283700、自大正14年2月19日〜14年12月10日「鈴木重康関係資料綴1/2」（防衛省防衛研究所）、アクセス日付2017年1月3日

76　前掲、JACAR:C13071283700、「鈴木重康関係資料綴1/2」（防衛省防衛研究所）

77　前掲、JACAR:C13071283700、「鈴木重康関係資料綴1/2」（防衛省防衛研究所）

78　長澤秀編『戦前　朝鮮人関係警察資料集Ⅰ（全四巻）』緑陰書房、2006年、4頁。

79　前掲、JACAR:C13071283700、「鈴木重康関係資料綴1/2」（防衛省防衛研究所）

80　三木理史「第三章　炭鉱で生きる人びと、一九二五〜三六年」原暉之、天野尚樹編『樺太四〇年の歴史−四〇万人の故郷−』一般社団法人全国樺太連盟、2017年、158 − 196頁。

った。以上を入国の手段に使えたと想定すると、出国でも同様の方法が取れたはずである。そのため、「現時警察官吏ノ定員不足ノ折柄一層之カ取締ニ困難ヲ感シツツアリ」と国境警備は既に明らかにされているが改めて人手不足と理解できる[81]。

　また、ソ連の官吏にも国境近くで遭遇することもあった[82]。1928年6月28日に国境周辺で安別警部補派出所の警察官が「露國官吏四名及朝鮮人一名ハ全國境附近ヲ「プランテーブル」測量機ヲ以テ測量シ居ルヲ発見シタルニ依リ」としていた。安別の警察官が会見を求めたが測量者は口止めされていたのか何も聞きだすこと出来なかったようである。その後ソ連側の官吏に対して、警察官が問いただしたたところ「「亜港ノ隊長ノ命令ナルカ如何ナル目的ナルヤ不明ナルモ西海岸ヨリ始メ東海岸ニ至ル國境一帯ヲ豫定ニテ測量スルモノナリ」ト語リタルカ午後七時頃ニ至リ全員五名退境シタリ」と測量目的を曖昧にしたままソ連側に戻った。安別の警察官は、測量した痕跡を確認していた。

　　　境界中央幅約一米五ヲ堀開セル壕ノ中央ヨリ露領内ニ測量起點ト思料セラルル雑木枝木六本
　　　ヲ五角形（一本ハ中央ニ立ツ）ニ立テタルモノアリタルカ（各直徑八分乃至一寸五分位ニシテ地
　　　上ニ一尺二寸乃至一尺七寸）之ニハ記號標識等ナク中央木杭ハ頑強ナルモ他ノ五本ハ之ニ手ヲ
　　　觸レレハ容易ニ抜キ取リ得ラルル程度ニシテ其ノ他ニ何等異狀ナシ尚該測量ハ如何ナル目的
　　　ナリシヤ目下内偵中ニ有之モ外務（貴）省ニ於テモ御内査ノ上之カ目的等判明ノ上ハ御囘報
　　　相煩度右及申（通）報候也

　ソ連側が行う測量の意図は判明しないが、直ぐに抜き取れる杭を立てているのは、杭を立てることが目的ではないとも見られる。また、安別の警察官の問いに聞かれたソ連官吏は亜港の隊長の命令により実施されていたということを踏まえると測量は建て前で、国境の状況を確認するとともに、日本側の警備や越境、人々の動きを見ていた可能性もある。

　資料が少なく安別側の国境の実態として明らかにできない点が多いのは否めない。安別に視点を置いて検証すると、北樺太撤兵以後も国境付近は平穏な状況を見せていた。一方で、国境を抱えている以上は緊張状態も続いていた。安別は軍事上で重要な場所であったが、監視する上での難しさもあった。

4―2　樺太側に越境する人々

　1939年に樺太では国境取締法が施行され、国境の緊張感が高まりをみせはじめる[83]。それまでの間にも、前節から日ソ間で緊張感があったのは理解できる。1939年以前の状況では、人々の入国がどのように行われていたのだろうか。

81　前掲、長澤『戦前　朝鮮人関係警察資料集Ⅰ（全四巻）』、2006年、7頁。
82　JACAR（アジア歴史資料センター）Ref. C01007468300、自昭和3年7月23日「密大日記」（防衛省防衛研究所）
　　アクセス日付2017年1月3日
83　前掲、社団法人全国樺太連盟編『樺太終戦史』1973年、58頁。

　前節でも述べているが、安別から国境までの距離は800mだった。当時発行された2万5千分の1「安別」の地形図を確認すると、国境は安別の街並みから少し北側に離れたところにある。確認する限りでは、出入りは目立つ可能性もあるが海岸と山林であり、無許可での通過も出来たようだ[84]。また、安別の村祭りにソ連側から人が来た。急病人が出ると安別に居る医師が手当てをするのにソ連側へ出掛けている[85]。国境の取締りが厳しくなるまでは、自由とも呼べる通過が行われていた。

　本節で参考にするのは、1926年3月1日に在亜港日本総領事館領事が外務大臣幣原喜重郎に宛てた文書から確認することができる[86]。

　安別は税関監視署が設けられているが、無許可で通過した人もいた。では、どのような人が国境線を通過していたのであろうか。ここでは2名の国境通過を参考にする。

　ある呉服商（北樺太ヅーエ在住）は、「「ピレオ」ニ於テ勞農官憲ノタメ密輸入ノ目的ニテ無許可國境通過安別ニ到ラントスルモノナリトノ嫌疑ヲ以テ拘禁ノ上更ニ亜港ニ護送サル数回取調ヲ受ケタルモ證據不充分ノ故ヲ以テ放免サレタルノ事實アリ」とあり、密輸入の目的が明らかにできないためか嫌疑不十分で放免されている。しかし、国境を越えようとしたのは間違いないようだ。

　また、もう一人の亜港在住（無職）者は、無許可で日本領側に入り、ソ連側に戻る際に安別から氷上国境を越えたところで、ピレオ側の官憲に身柄を押さえられた。「本年一月下旬之又無許可ニテ國境ヲ通過シ安別又ハ惠須取ニ赴キタリト聞込ミタルカ最近「ピレオ」ヨリノ情報ニ依レハ・・相当量ノ「モルヒネ」寫眞材料等ヲ携帯シ露領ニ入リタルトコロヲ「ピレオ」官憲ニ發見セラレ直ニ拘禁セラレタリト言フ」とソ連側の官憲の情報が示されている。携帯していたモルヒネや写真材料を買い込んでソ連側に持ち込もうとしていた。つまり、官憲に発見されなければ無許可で通過できる人がいたといえる。拘束された後者は、「「ピレオ」官憲ノ看視取締厳重ナルヲ延へ若シ・・如キモノ無許可國境ヲ通過スルモノアル場合ハ再ヒ國境通過露領ニ帰來スルコトヲ思止マラシムル様取計方申入レ置キタル次第ナルカ間ニ合ハザリシモノト思考サル」と、越えることが危険を伴い樺太側も止めようとしていた[87]。

　無許可通過により「不便甚シキ南北樺太聯絡交通ノ唯一ノ方法ノ上ニ暗影ヲ投スルモノニシテ當地在留一般邦人ノ信用ニモ重大ナル影響ヲ及ホスモノナレハ」と安別・ピレオ間が南北樺太・ソ連を結ぶ経路のひとつだったが、無許可での通行が横行するのは、北緯50度以北に在留する邦人に深刻な影響を与えかねないと懸念を示している。また、日本側（樺太）は「不幸ニシテ万一斯ル者ノアル場合ハ甚ノ不心得ヲ諭シ國境通過（無許可ニテ）ハ断然阻止セラルヽ様致度ク本件無許可國境通過並ニ密輸出入ニ対シ厳重取締ル」と邦人の通過にも強い姿勢で臨んでいる[88]。それだけ、国境

84　前掲、樺太地図研究会編『樺太二万五千分の一地図集成B（91-182）』科学書院、2000年
85　樺太終戦史刊行会編『樺太終戦史』社団法人全国樺太連盟、1973年、56-57頁。
86　JACAR（アジア歴史資料センター）Ref. B10073676200、「戦前期外務省記録／密輸出入関係雑件　第二巻」（外務省外交史料館）　アクセス日付2018年9月17日
87　前掲、JACAR: B10073676200、「鈴木重康関係資料綴1／2」（防衛省防衛研究所）
88　前掲、JACAR: B10073676200、「鈴木重康関係資料綴1／2」（防衛省防衛研究所）

の往来は慎重になる必要があった。

表—7　北樺太より入国者及入国拒絶者

出入別	1924(大正13)年	1925(大正14)年	前年増減
入国者	310	2170	△1860
入国拒絶者	94	90	▲4

出所：長澤秀編『戦前　朝鮮人関係警察資料集Ⅰ（全四巻）』緑陰書房、
　　2006年、6‐7頁より作成。

　表—7は、一例に北緯50度を南下した入国者と入国拒絶者の一覧である。1924年と1925年の入国拒絶者の数には大きな変化はない。一方、入国者は1924年と1925年を比較すると前年比1860名と増加している。入国者が増えたのは、北樺太でソ連官憲の圧迫を恐れた朝鮮人が工業都市として成長を始めた恵須取などへ移動したこともあった[89]。前出の樺太庁警察の資料では、増加した朝鮮人は沿海州や北樺太から南下して国境付近に「数ヶ月間山林奥地ニ潜ミ貂其ノ他ノ密獵ヲ為シ機會ヲ觀テ下山各所ニ散在轉々シ」と警察の調査を困難にさせている[90]。入国拒絶者は、日本人・朝鮮人の内訳がなく理由も判然としないが、前節でも国境が接していることで、社会主義思想の流入を危惧した入国拒否と同様であると推測する。

　入国方法も徒歩に限らず、川崎船を使い海路で入国もしていた。1925年の北樺太撤兵以後は、密猟目的で朝鮮人の立ち入りもあった。さらに1931年の『樺日』からソ連人の無許可通過もあった[91]。また、本稿の時期区分や内容とは若干異なるが、国境付近には先住民族が諜報活動の要員として入っている[92]。

　今回は日本領樺太に入国する人々を対象とした。国境は容易に通過できたとうかがえる。一方で国境の安別は、時として些細な事案でも緊張がはしり、また時としてふたつの国の住民が往来するという異色の地域であった。

おわりに

　本稿は1920年代から1930年代における日本領樺太最北の街・安別の形成、山火、漁船取締り、無許可通過を要素に、日本領樺太の国境とは如何なる場所であるのかを西海岸安別を中心に明らかにするのが目的であった。その結果は次の4点にまとめられる。

　第一は国境の存在が集落や社会の在り方を規定していたということである。集落や市街の成立時

89　前掲、三木「第八章　戦間期における朝鮮人社会の形成」『移住型植民地樺太の形成』2012年、265-303頁。
90　前掲、長澤『戦前　朝鮮人関係警察資料集Ⅰ（全四巻）』2006年、6‐7頁。
91　1931年7月24日『樺太日日新聞』「赤い國から又一人／國境を超えて南下／『祖國は吾々にパンを保障せぬと』／取調の警察官に愬ふ」との見出しで「北緯五十度線を突破して邦領に潜入する赤い國ロシヤ人の頻出で當局は厳重なる警戒の眼を光らしてゐる」とあるが通過を防げなかった。安別から越境して沃内で身柄確保されたが理由は「生くべく如何に努力しても祖國の現状は到底吾等労働者にパンを保障し得ないから身を以て逃れて來たのである」と警察の取調べに答えていた。ロシア革命の影響も国境を越える要因となっていたようだ。
92　前掲、加藤「樺太庁による国境警備とサハリン少数民族−1930年代から40年代の樺太庁予算関係資料より−」『北海道民族学』第6号、2010年、41-49頁。

期の違いが社会の形成に影響を与えていたことが樺太の特徴としてあげられる。安別は、国内と国外を結ぶ緩衝地帯として築かれた集落であった。そのため、日本植民地下だけで必要とされていた。安別は国境があるからこそ成立して、国境の街としての社会が成立した。

　安別は国境が引かれていた点を除けば、沿岸の一般的な小規模な集落であった。日本領となった直後から漁夫が生活を始めていた。しかし、安別は移住者が生活を送るのには厳しい自然環境である。夏は短く、冬場は海の結氷により定期船の運航はなく街は雪で閉ざされていた。地域外への生活道路も未整備であり食糧の確保は難しく、生活条件も限られていた。その中で住民は支え合い暮らしていた。従って、最初は移住者を定住させることを目的に「街」として拓かれていない。

　安別では、鰊漁などの出稼ぎ漁夫が生活を始めて定住化が進み、そこに国境警備の要員が滞在したこともあり漁村の規模から拡大した。さらに、1930年以降は炭鉱の稼働時期に重なるように人口が増えている。また、安別は航路の延伸で、国境が近いことを活かした観光地にもなった。

　国境は緊張感のある場所だが、安別はそれを逆手に様々な人々を呼び込んでいた。住民も国境があることを生活や商売で活用しようとしていた[93]。

　安別の社会形成や国境地域に起こる特有の事情から、日本領樺太となった直後から計画的に開発を進めた豊原や大泊とは異なる。つまり、移住者の定着の仕方で、市街のつくられ方や形成が影響を受けている。

　日本の敗戦で1945年に国境で分けられることなく、ひとつの島となった。しかし、かつての樺太に存在した安別の集落は引き継がれることなく、現代では無人の地である[94]。従って、安別は日本植民地下だけに必要とされていたことが確認できる。国内と国外を結ぶ緩衝地帯として築かれた集落であり社会であった。国境の変動によって、集落が消滅したことがそのことを裏付けている。

　第二に山火はその原因の如何にかかわらず、国境を抱えているが故に国家間の問題へ直結したということ。つまり、山火だけの問題にとどまらなかった。1929年と1930年に起きた山火から国境の存在が地域に与える影響を検討した結果、山火の原因が自然発生なのか、または人為的なのかにかかわらず国境周辺で起きることで、日ソ間の国家の問題へと直結することが陸上国境の特徴であった。本稿では、日本の植民地であった40年間全てを対象としていないため一概には言えないことを付記しておく。また、消火設備への考え方は、日ソ間で足並みが揃っていなかった。しかし、山林は日ソ双方とも山林を資源とする認識を持っていた。一方で、山火の与える問題が安別に暮らす人々の生活に直接の関連性は確認できなかった。

　第三に国境付近は危険が伴うが魅力のある漁場のひとつであったが、出漁者に対する保護はあまりなかったという点である。漁業は安別の主要産業であったが、出漁する漁夫は拿捕される恐れがあった。漁夫は出漁中の越境が不注意でも、ソ連の監視船に発見されると射撃対象になった。

93　前掲、若泉『樺太紀行：北緯五十度の旅』の中で、国境視察から戻り「其の名にふさはしい國境館といふのに宿をとる。」（222頁）という一文がある。安別の住民が「国境」という立地する特徴を活かした商売をしていた一端をうかがい知ることができる。
94　前掲、相原『知られざる日露国境を歩く−樺太・択捉・北千島に刻まれた歴史−』（ユーラシア・ブックレットNo200）、東洋書店、2015年、3‑4頁。

　樺太の警備に関しても警備艇の建造を検討している点からも対策を怠っていたわけではないが、現状に追いついてはいない。従って、国境での漁業は盛んでも出漁者への保護は十分に進まなかった。

　安別の漁業は国境に近く、漁夫が拿捕の恐れもあったが樺太内のどこの地域とも変わらない漁場のひとつであったことが出稼ぎ漁夫や安別漁業組合の存在でうかがえる。

　第四に安別では、無許可での入国が容易だったという点を指摘できる。許可を得ずに出入りする方法が多岐に渡り、出入国を限定するのは無理があったのではないか。国境には出入り口が無いため監視を強化するのは難しかった。先行研究で明らかにされてはいるが取締りの人員も不足している。結果的に取締りをくぐり抜け無許可通過する人々がいた。

　かつては、ソ連側からも祭りなどで国境を越えて人々の自由な往来が可能であった。しかしながら許可を得ないで通過する人がいる以上、両国で不穏な動きをする疑いのある人物が出入りする恐れがあり国境付近は高度でないにしろ緊張はしていた。さらに、1925年頃の北樺太撤兵時期に樺太の人々は国境付近でソ連監視兵と遭遇することもあった。表向きの出入国は緩く見えるが、不穏な動きをする疑いのある人物への監視は厳しいという落差のある実態も見逃せない。国境監視は両国の境界を明確にする上でも必要であったが、その内容や思考には日本もソ連も曖昧や矛盾を含んでいたのかもしれない。それが、無許可通過が行われる事態にもつながるようだ。

　また、北緯50度を南北に往来する手段が狭められていたことも、あらゆる形で通過を試みる人々がいた要因ではないか。北樺太の占領は三木理史が述べているように鉄道がないこと[95]、安別航路を含む、島内南北を結ぶ交通機関の少なさも理由のひとつにあげられる。

　本稿では、山火は時期を限定して且つ安別に狭めず東西に広げて国境全体で検討した。集落の形成や無許可通過、漁夫の拿捕を東海岸までを含めて紙幅や資料の都合上、日本領樺太である全期間は考察できなかった。また、国境を接した北緯50度以北のソ連側の警備体制との関係性に踏み込めなかったのは反省点である。本稿の４つの角度の内容が西海岸・安別以南の集落などで起きていたのかは今後の課題でもある[96]。

　漁船の取締りや山火は、日本側の資料だけに依拠しており、1920年代、30年代のソ連側の検証もなければ全貌は判明しない。また、樺太庁や警察には、国境に近いという特殊な環境下に置かれている住民を是が非でも守ろうとする意識が強くなかったことはわかる。

　1920年から1930年代の樺太は、1920年の尼港事件による日本軍の北樺太占領、1922年にソ連の成立、1925年に日ソ基本条約の締結、北樺太占領から日本軍の撤収と国境近辺では日ソを巡り変化が多かった。つまり、国境では接する日ソ両国とも、1920年代、30年代には特に自国の都合に合わない思想や人物の往来、相手国の姿が見えることに神経を尖らせていた。

95　前掲、三木「幻の日本によるサハリン島一島支配：保障占領期南・北樺太の開発」『歴史と地理』第682号2015年、1 -17頁。

96　1931年５月１日の『樺太日日新聞』「ニシン漁報」には「専用赤敷妻内明石二石（初漁）」と赤敷・妻内・明石の３カ所の漁場があった。また、若泉の著書内にも「赤敷に至れば數戸の漁場があり、既に本年の漁獲を終り来春の漁期を待つ間の冬籠りの支度に忙しい赤敷の佐々木漁場で晝食を採り、再び歩を進める（中略）約三十分にして國境安別の部落を望見することが出來た」とある。沃内から安別の間に複数の漁場があり、冬籠りの支度をするということは生活者のいる小規模集落が形成されていた。

　国境周辺に暮らす治安や警備を担う人間には、身分や命にかかわる境界であり、厳しい「壁」であった。一方で、安別は国境に接していることを活かして観光地となった。島外の人間や治安を担わない住民には穏やかな国境であり、日本の他の地域には存在しない別の国との境を間近に体験できる緩衝地帯であった。

　安別は２つの国家の緩衝地帯と壁としての二面性を有していた。換言すれば、安別の人々の暮らしに関わる点では無許可の出入国なども緩やかである一方で、自国の都合に合わない思想や人物の往来、相手国の姿が見えることへの警戒は強く表れた。それが樺太国境の特徴である。対米英戦争に向いつつある1939年に国境取締法が施行されたことを踏まえると、1920年代から陸上に国境があることでの緊張の高まりを引き起こす下地は既に醸成されつつあった。

　本稿で考察をした４つの要素から、住民でも来訪者でも国境を意識したのは、安別の街が国境を看板にして人々を迎えた時、山火や漁船取締りでの対応方法に日ソ間で考え方に相違が見られた時である。また、無許可通過の事例により捕まる可能性はあるが国境通過は困難ではなかった。集約すると国境線は北緯50度という明確な緯度で引かれていたが、その境は完全な分断の線ではなかった。人々は取締りを比較的簡単に国境をくぐり抜け越えて往来している。日本領樺太にとって国境の街・安別は国家の姿勢が異なる相手を観察するための場だった。それ故に緩衝地帯であり壁という二面性を持っていた。別の言い方をすれば、国境の街・安別は「合わせ鏡」の役割を持っていたことになるだろう。

（まつやま・ひろあき／神奈川大学大学院生）

【論文】

1925（大正14）年皇太子裕仁の樺太巡啓について

須藤 浩司

はじめに

　皇太子裕仁（のちの昭和天皇）[1]は、1925（大正14）年、樺太[2]を巡啓した[3]。

　戦前期、行幸啓は受け入れる知事にとって「大事件」であり、当該道府県にとっての大事業であったとされる[4]。原武史氏によると、明治初期から昭和初期にかけて、天皇や皇太子による地方への行幸啓は継続的に実施され、天皇や皇太子が全国各地の官公庁や産業施設等を訪問し、生身の身体を奉迎に参加した地方の人々に晒すことで、天皇等を視覚的に意識させることを通じてこれらの人々に「臣民」としての認識をさせる「視覚的支配」を確立させる戦略が取られたとされ[5]、大正末期以降には、万単位の臣民と皇太子裕仁（昭和期には昭和天皇）が相対する政治空間が設定されるようになったとされる[6]。

　本稿では、これまで学術研究の対象となることが少なかった樺太巡啓について、その実態を明らかにする。また、本巡啓の奉迎において、樺太アイヌを始めとする先住民やロシア人が動員された点に着目し、皇太子は先住民等の前に姿をあらわし、先住民等も皇太子の姿を見るという「見る－見られるの関係」[7]にあったが、こうした演出面で類似性が認められる戦前期北海道の行幸啓[8]との関係に配意することとしたい。資料には、昭和天皇の公式記録である『昭和天皇実録』はもとより、『皇太子殿下樺太行啓記』等の樺太庁が作成した奉迎誌、新聞記事を用いて、本巡啓の実態、特に樺太アイヌ等の先住民が関わった出来事の報じられ方について検討したい[9]。

1　本稿は学術論文であることから、皇族に対する敬語表現を使用せず、天皇については諡号を、皇太子については称号の後に名前を付す呼称をそれぞれ用いる。

2　本稿では、地理的名称として「サハリン島」、1904（明治38）年から1945（昭和20）年までの間、日本領だったサハリン島の北緯50度以南を「樺太」とする。本定義は、天野尚樹氏の「樺太の地理と人びと」（原暉之・天野尚樹編著『樺太四十年の歴史－四十万人の故郷』、一般社団法人全国樺太連盟、2017所収）3頁に拠った。

3　天皇が1か所を訪問することを「行幸」、2か所以上の場合「巡幸」という。皇后及び皇太后並びに皇太子が1か所を訪問することを「行啓」、2か所以上の場合「巡啓」という。また、行幸と行啓を合わせて「行幸啓」という。原武史「巡幸」、原武史・吉田裕編『岩波 天皇・皇室辞典』、岩波書店、2005年、344頁

4　大霞会編『内務省史』第3巻、地方財務協会、1971年、760-761頁

5　原武史『可視化された帝国』、みすず書房、2001年、10-11頁

6　同上、329頁

7　前掲『可視化された帝国』、2001年、17頁

8　戦前期北海道の行幸啓を通史的に検討したものとしては、小川正人氏による業績（「コタンへの『行幸』『行啓』とアイヌ教育」『日本の教育史学』第34巻、1991年）があり、拙稿（「戦前期の内地植民地北海道における行幸啓についての考察－アイヌとの関わりを中心に－」、放送大学大学院文化科学研究科社会経営科学プログラム修士論文、2019年12月15日提出）でも検討した。なお、戦前期北海道巡啓での奉迎へのアイヌ動員については、原武史氏が指摘している（原前掲『可視化された帝国』、209頁）。

　なお、本稿で引用する史料中の旧字体は新字体に改め、句読点、濁点については筆者が適宜補った。現在では不適切と思われる表記がある場合であっても、敢えて原文のまま掲載することとする。以下、史料の引用に関して特にことわりのない限り、同様とする。

1　若干の研究史

　本巡啓の検討に入る前に、樺太における巡啓に関する研究史について触れておきたい。

　本巡啓について、網羅的に記述したものとして、1930（昭和５）年に樺太庁が作成した奉迎誌『皇太子殿下樺太行啓記』[10]がある。

　本誌は、行啓の日程、拝謁者、奉迎の準備状況等が詳細に記録されており、基礎史料として極めて有用であるが、巡啓を主催した樺太庁自身が「曩日行啓ノ盛儀ヲ謹集粛録シ以テ祥恩栄光ヲ永遠ニ欽仰シ奉ル」[11]としているように、顕彰目的で作成したものといえる。また、1936（昭和11）年に樺太庁が作成した『樺太庁施政三十年史』[12]においても「皇族殿下の御来島」と題した項目を設け、本巡啓を含む戦前期の皇族の樺太訪問を記載しているが、内容は上述の『皇太子殿下樺太行啓記』の日程に関する記載の範囲に留まるものである。

　学術的な研究としては、原武史氏が『可視化された帝国』において、本巡啓を大正末期の台湾行啓以降の皇太子裕仁による二度目の全国巡啓達成のなかで実施された同時期の国内巡啓と併せて取りあげ[13]、「台湾行啓と同じく、植民地視察という広義の地方見学」としたほか[14]、梶田明宏氏は、本巡啓を「思想問題その他で揺れる日本の社会において、国民統合のための重要なイベントとなった。」とした[15]。池田裕子氏は、本巡啓に際しての稚内寄港[16]を検討したなかで、巡啓実現の経緯について、直前の1925（大正14）年１月に「日ソ基本条約」が締結され、日本とソビエト連邦との間で国交関係が樹立されたこととの関連性を指摘した上で、皇太子が日本の領土の北端を訪問する政治的意義は大きいとした[17]。

　このほかにも、中山大将氏は、樺太篤農家顕彰事業と近代天皇制との関性係を論じるなかで、本巡啓につき言及し[18]、三木理史氏や天野尚樹氏は戦前期樺太に形成された朝鮮人社会について論じるなかで、朝鮮人酌婦の営業許可制限の実施の背景として本巡啓との関係性を言及しているほ

　9　こうした視角は、小川前掲「コタンへの『行幸』『行啓』とアイヌ教育」及び原前掲『可視化された帝国』から多くの示唆を受けている。
10　樺太庁編『皇太子殿下樺太行啓記』、1930年
11　同上、2頁
12　樺太庁編『樺太庁施政三十年史』、1936年、1695-1704頁（1974年復刻版）
13　原前掲『可視化された帝国』、309-327頁
14　向上、321頁
15　梶田明宏「大正十年皇太子御外遊における訪問国決定の経緯について」『書陵部紀要』第57号、2006年、59頁
16　河西秀哉氏は、「象徴天皇制と北海道北部」（河西秀哉・瀬畑源ら編『〈地域〉から見える天皇制』、吉田書店、2019年所収）において、戦前期・戦後期を通じて天皇を始めとする皇族が、稚内を含む北海道北部を繰り返し訪問した経緯及びその意義について、戦前期において樺太訪問のための中継地としてのみならず、北海道を日本に統合する意味合いがあったと指摘しているが、同旨の先行研究である、池田裕子氏の業績（「裕仁皇太子の稚内行啓」『北海道・東北史研究』第10号、2015年）には言及していない。
17　池田前掲「裕仁皇太子の稚内行啓」、53頁
18　中山大将『亜寒帯植民地樺太の移民社会形成』、京都大学学術出版会、2014年、139頁、143-144頁

か[19]、ニコライ・ヴィシネフスキー氏が本巡啓で皇太子に先住民による馴鹿競走や踊りが披露されたことに言及しているが[20]、本巡啓自体を扱った学術研究は極めて少ないのが実情である。

2　行程

　それでは、本巡啓の行程について検討することとしたい。

　本巡啓が決定した経緯については、『小樽新聞』1925（大正14）年2月26日付けの「東宮、同妃両殿下　お揃いで樺太へ」と題した記事において、

　　　　東宮殿下並に妃殿下には、<u>本夏樺太島へ行啓遊ばされる御模様で、目下東上中の昌谷樺太長官と宮内当局間に具体的な話が進められて居る</u>。樺太の官民も挙って殿下の行啓を<u>熱望して居る</u>ので、<u>殿下にも帝国領土の最極地まで御巡歴あって、親しく臣民と接せられたき御希望あるやに拝せらるる</u>より、多分此企ては実現を見る模様である。（下線部は引用者）

とある。

　この記事によれば、樺太庁側からの熱心な働きかけと、皇太子裕仁自身の要望が相まって、本巡啓は実現したようである。

　同年8月5日、皇太子一行は葉山御用邸を出発した。同日、横須賀港から軍艦長門に乗艦し横須賀港を出港した。8日午後2時30分、稚内港に停泊し、艦内で稚内町長等を引見して、同日午後5時に稚内港を出港し、9日、大泊港に入港した。供奉は宮内大臣一木喜徳郎、東宮侍従長入江為守、東宮侍従武官長奈良武次、東宮職御用掛西園寺八郎等であり、宣仁親王及び朝融王も同行した[21]。

　以下、大泊上陸後から還啓までの行程等について、樺太アイヌ[22]、ニヴフ[23]、ウイルタ[24]といった先住民と関係する主な出来事に焦点を当てて記述する。（表1参照）

　大泊上陸後、皇太子一行は王子製紙大泊工場、南樺公園、大泊中学校及び神楽岡を視察し、大泊駅から汽車に乗車して楠渓町駅に到着した。楠渓町展望所を視察して、楠渓町駅から汽車に乗車し

19　三木理史『国境の植民地・樺太』、塙書房、2006年、119頁。天野尚樹「樺太における『国内植民地』の形成」、今西一・　飯塚一幸編『帝国日本の移動と動員』、大阪大学出版会、2018年、136頁

20　ニコライ・ヴィシネフスキー『トナカイ王』、小山内道子訳、成文社、2006年、55頁。なお、ヴィシネフスキー氏は同書において、皇太子裕仁は本巡啓に同妃良子を伴ったことや、樺太北部の敷香を訪れたことを述べているが、本稿で後述のとおり、そのような事実はない（表1及び図1を参照）。

21　宮内庁編『昭和天皇実録』第四、東京書籍、2015年、298頁

22　1875（明治8）年5月、日本とロシアとの間で締結された樺太・千島交換条約により、両国の雑居地であった樺太はロシア領とされ、居住していた樺太アイヌの一部841人は、同年、開拓使によって強制的に北海道宗谷地方へ移住させられ、翌年、石狩地方の対雁に移された。移住後の劣悪な労働環境やコレラ、天然痘の流行によりほぼ半数が死亡し、1906（明治39）年、北緯50度以南のサハリン島が日本領樺太になると、大半のアイヌは樺太へ帰った。樺太アイヌ史研究会編『対雁の碑－樺太アイヌ強制移住の歴史』、北海道出版企画センター、1992年、39-40頁

23　ニヴフとは、樺太北部及びその対岸黒竜江の最下流域に分布している民族のことをいう。『国史大事典』、吉川弘文館、（「ジャパンナレッジ」収録版）

24　ウイルタとは、樺太の北東部と南部に居住する少数民族のことで、自らをウイルタ、氏族によってはウリチャと称する。同じ樺太の少数民族ニヴフの影響も強いが、トナカイ飼養を行う点で彼らと大きく異なる。『日本大百科全書』、小学館、（「ジャパンナレッジ」収録版）

表1　樺太巡啓の主な行程

月　日	行啓先等	出来事	出典
8月9日	大泊入港	上陸	『実録』
	王子製紙大泊工場	場内を視察	『実録』
	南樺公園	大泊市街、亜庭湾一帯を展望	『実録』
	大泊中学校	校内を視察。大泊中学校生徒の体操等を視察	『実録』
	神楽岡	展望	『実録』
	大泊駅	汽車に乗車	『実録』
	楠渓町駅		『実録』
	楠渓町展望所	表忠碑に佇立。展望	『実録』
	楠渓町駅	汽車に乗車	『実録』
	大泊駅		『実録』
	軍艦長門	艦内泊	『実録』
8月10日	大泊駅	汽車に乗車	『実録』
	豊原駅		『実録』
	樺太庁	樺太庁昌谷長官等が奏上	『実録』
		樺太庁門外広場で白浜アイヌ30余名が奉迎	『樺日』T14.8.11
	樺太神社	参拝	『実録』
	豊原中学校	校内を視察	『実録』
	豊原高等女学校	校内を視察。同校生徒等の奉迎歌奉唱、体育ダンスを視察	『実録』
	豊原公会堂	樺太物産を視察	『実録』
	樺太庁前運動場	樺太庁立豊原中学校生徒等の徒手体操等を視察	『実録』
		ウイルタ、ニヴフの天幕生活状況を見物	『行啓記』
		馴鹿競走を見物	『樺日』T14.8.11
		アイヌによる舞踊を見物	『北タ』T14.8.11
	樺太地方裁判所	所内を視察等	『実録』
	豊原駅	汽車に乗車	『実録』
	大泊駅		『行啓記』
	軍艦長門	艦内泊	『実録』
8月11日	大泊駅	汽車に乗車	『実録』
	小沼停車場		『小樽』T14.8.12
		農事試験所への沿道で小沼のアイヌ、ロシア人が奉迎	『小樽』T14.8.14
			『北タ』T14.8.13
	樺太庁農事試験所	場内を視察	『実録』
	小沼停車場	汽車に乗車	『実録』
	大泊駅		『行啓記』
	軍艦長門	艦内泊	『実録』
8月12日	円留漁場	水雷艇に乗艦し、鱒網漁業を視察	『実録』
	軍艦長門	ウイルタから献上された仔熊に給餌。大泊出港	『実録』
	海馬島南岸古江沖	軍艦長門投錨。艦内泊	『実録』、『行啓記』
8月13日	真岡入港	上陸	『実録』
	真岡第一尋常小学校	校内を視察。真岡町内4小学校男女児童の体操等を視察	『実録』
	樺太工業真岡工場	奉拝した真岡町内高齢者291名中、アイヌ3名が感泣	『樺日』T14.8.14
		場内を視察	『小樽』T14.8.14
	軍艦長門	真岡支庁管内の若者等20余名による三半船十数艘の競漕を見物。多蘭泊村のアイヌも参加	『北タ』T14.8.14
	真岡出港		『実録』
	本斗入港	上陸	『実録』
	本斗公会堂	町内小学校児童の成績品等を視察	『実録』
	本斗武道場	全島から選抜された柔剣道選手の試合を視察	『実録』
	本斗築港埋立地広場	本斗町小学校の男女生徒のダンス、騎馬戦等を視察	『実録』
	本斗出港		『実録』

※　出典欄の『実録』は『昭和天皇実録』第四、『行啓記』は『皇太子殿下樺太行啓記』、
　　『樺日』は『樺太日日新聞』、『北タ』は『北海タイムス』、『小樽』は『小樽新聞』
　　のそれぞれの略称である。新聞名略称の右横の日付は、記事の掲載日を示す。

て大泊駅に到着し、軍艦長門に艦内泊した。

　10日、大泊駅から汽車に乗車して豊原駅に到着し、樺太庁において昌谷長官より樺太庁治概要を聴取し、樺太庁庁舎門外で白浜アイヌによる奉迎を受け、樺太神社参拝後、豊原中学校、豊原高等女学校及び樺太公会堂を視察した。樺太庁前運動場では、樺太庁立豊原中学校生徒等の徒手体操等を視察するとともに、ウイルタ・ニヴフの天幕生活状況、馴鹿競走、アイヌによる舞踊を見物した。樺太地方裁判所を視察後、豊原駅から汽車に乗車し、大泊駅に到着して軍艦長門に艦内泊した。

　11日、大泊駅から汽車に乗車して小沼停車場に到着し、樺太庁農事試験場への沿道でアイヌやロシア人による奉迎を受け、農事試験場を視察後、小沼停車場から汽車に乗車し、大泊駅に到着して軍艦長門に艦内泊した。

　12日、軍艦長門に艦載の水雷艇に乗艦して円留漁場において、鱒網漁業を視察した。軍艦長門に帰艦し、ウイルタより献上された仔熊に餌を与えた。軍艦長門は海馬島南岸古江沖に投錨し、停泊した。軍艦長門に艦内泊した。

　13日、軍艦長門は真岡に入港し、上陸後、真岡第一尋常小学校及び樺太工業真岡工場を視察した。同工場前で真岡町内高齢者291名が拝観し、そのうち3名がアイヌで感泣していた。その後、軍艦長門に戻り、その際、真岡支庁管内の若者等（多蘭泊村のアイヌも参加）による三半船十数艘の競漕を見物した。軍艦長門は真岡を出港し、本斗に入港した。上陸後、本斗公会堂、本斗武道場及び本斗築港埋立地広場を視察した。その後、軍艦長門に乗艦し、本斗を出港して還啓の途についた。

3　検討

（1）　先住民等による奉迎

　本巡啓で樺太アイヌ等先住民等と関係した主な出来事としては、樺太庁門外広場における白浜アイヌの奉迎、樺太庁前運動場におけるウイルタ・ニヴフによる天幕生活及び馴鹿競走、同所におけるアイヌによる舞踊、樺太庁農事試験場への沿道でのアイヌ及びロシア人の奉迎、真岡港における多蘭泊アイヌを含む若者による三半船の競漕である。

　また、本巡啓での訪問先は、樺太の玄関口である大泊及び樺太庁所在地の豊原の周辺、樺太西海岸に所在する本斗及び真岡であり、樺太のなかでも南寄りの地域であった（図1参照）。これは5日間という短い期間の滞在であったことや、鉄道網が北部まで未整備[25]であったためと考えられる。

　以下、皇太子とアイヌ等の先住民が関わった出来事について分析を加える。

ア　樺太庁庁舎門外広場におけるアイヌ等先住民による奉迎

　8月10日、皇太子は樺太庁庁舎を出て樺太神社へ向かう際、同庁庁舎門外広場において、白浜アイヌによる奉迎を受けている。

　このときの状況を『小樽新聞』8月11日付け記事では、次のように記している。

25　本巡啓当時（1925（大正14）年8月）で、樺太の鉄道網は、西海岸側では野田〜真岡〜本斗間、東海岸側では栄浜〜豊原〜大泊間といった南部に留まっており、また、東西両岸を連絡する路線も未開通であった。今尾恵介・原武史監修『日本鉄道旅行地図帳　歴史編成満洲樺太』、新潮社、2009年、65-67頁

　　白浜土人部落の青年団処女会各二十五六名一行は、九日豊原着。此の未曾有の盛事に当り、アイヌ連からも青年団のユニホームを新調し十日公会堂付近で殿下を奉迎した。其の費用は同青年団が山火の苦役に服した収入から捻出したとの事であり、又、処女会は青年団のそれに劣らず木綿紋服を新調し青年団と共に奉迎した。此の費用は会員各自が人参を栽培して得た収入を以て充てたとの事である。（下線部は引用者）

　豊原での奉迎に参加した白浜のアイヌ男女の若者が装束を新調し、その費用は山火事への対処や人参栽培から得た収入を充てたことが紹介され、アイヌがこうした事前準備を入念に行った上で奉迎に臨むことで、皇太子に対して敬意を払っていることを強調する意図が窺える。
　白浜のアイヌによる奉迎の前日の８月９日付け『樺太日日新聞』の記事によると、

　　殿下の御聖徳は、何も知らない土人達にも広く及んで居ると見え、土人達は日本のカムイ（神様）が樺太へ御出になるんだとスッカリ心から喜んで、出来るだけ赤誠を披瀝して御迎えせねばならぬと、栄浜郡白浜の土人部落の如きは挙村一致で出て来た心根は誠に愛すべきである。（中略）行啓当日は尊とき日の皇子に対し、いくらアイヌでも不敬にあたってはいかぬと細心の注意を払い、青年団は山火警防に従事して得た労役金を以て揃いの青年団ユニホームを新調し、夫から婦女会は薬用人参を栽培し得た処の金をためて之又木綿ではあるが紋服を新調し、教育所の児童と共にお粗末な服装ではあるが至誠の溢れた奉迎は国民として誠に感激にたえない事であり殿下におかせられても此赤心を御喜びになるものと拝察せらる。（下線部は引用者）

とあり、皇太子の「御聖徳」がアイヌにも広く及び、アイヌが皇太子をカムイと同様の尊い存在と認識して敬意を払って奉迎の準備に当たっていることを強調するものとなっている。（写真１参照）

　なお、これらの記事では、男性は「ユニホーム」、女性は木綿の「紋服」とされており、1911（明治44）年皇太子嘉仁、1922（大正11）年皇太子裕仁による各北海道巡啓で見られた、アイヌの伝統的な服装[26]ではなかったことは注目される。
イ　樺太庁前運動場における馴鹿競走等
　８月10日、皇太子は樺太庁前運動場において、ウイルタ族・ニヴフ族による天幕生活状況及び馴鹿競走、アイヌによる舞踊を見物した。

写真１　奉迎に動員される白浜アイヌ

出典『樺太日日新聞』1925（大正14）年８月９日付け
資料提供：国立国会図書館（以下同じ）

26　小川前掲「コタンへの『行幸』『行啓』とアイヌ教育」、59頁

　まず、ウイルタ、ニヴフによる天幕生活状況及び馴鹿競走の状況について、『北海タイムス』8月12日付け記事では次のように記している。

　　　奇異な風俗で馴鹿にまたがり、グラウンドを廻る馴鹿は、奇なる声をだして只管駆ける。殿下には殊の外御興深く渡らせられ、御野立所の前に御乗出しになって、折からの炎天をおかまいもあらせられず、御熱心に御覧遊ばされる。なかには乗手のいうことをきかない馴鹿もあり、橇を馴鹿に引かしてギリヤークは鞭をあてる。橇は浮くようにして飛ぶ。寒風吹きすさぶ北国の冬の雄原を橇を走らすギリヤークの生活が偲ばる。殿下には何事か昌谷長官に御下問あり、今迄の催しでは一番御興味を引かれたように拝察された。（下線部は引用者）

　ウイルタ及びニヴフが馴鹿に跨がってグラウンド内を疾走する様子に、皇太子が身を乗り出して熱心に見物し、昌谷樺太庁長官に質問する様子を記載し、馴鹿に跨がるといった異民族性の演出や皇太子の先住民に対する注目振りを強調しているが、皇太子の注目振りについては記者が「一番御興味を引かれたように拝察」したものであり、皇太子自身の言動を示す具体的な記載はない。（写真2参照）
　また、『昭和天皇実録』、『皇太子殿下樺太行啓録』[27]及び当日の状況を報じた新聞記事には、天幕生活に関する具体的な記述はみられないが、『樺太日日新聞』8月2日付け記事には、

　　　敷香の珍客サン二十八名の一行は（中略）二十九日敷香を出発し、敷香の鎮豪尾張吉次氏と支庁の日影館属に引率され一昨三十一日着豊。
　　　直ちに樺太庁前の広場に彼等特有のテント小屋を張り落ちついたが、ギリヤークの十一名は一組となり、オロツコの十七名は別の組となりて小屋を建てた。（下線部は引用者）

とあり、樺太庁敷香支所の役人に引率され、ニヴフ及びウイルタが豊原に来て、樺太庁前にテント小屋等を建てたと記されているので、10日の皇太子へ披露する本番においても、彼等が滞在のために建てたテント小屋等がそのまま、天幕生活を見せるために活用されたものと考えられる。
　なお、馴鹿競走の予行演習が、8月3日、樺太庁前広場で行なわれ、これには昌谷樺太庁長官ら高官も臨席している[28]。馴鹿競走は、本巡啓で先住民が関係する行事で最大級のものであり、こうした入念な準備状況から、樺太庁のこの行事への力の入れようが窺える。
　次に、アイヌによる舞踏の状況について、『北海タイムス』8月12日付け記事では次のように記している。

　　　馴鹿競争が終ると、今度は白浜アイヌがトンコリやムツクナ楽器を奏し、正装を凝らして

27　樺太庁編前掲『皇太子殿下樺太行啓記』、108頁。宮内庁編前掲『昭和天皇実録』第四、305頁
28　『樺太日日新聞』1925（大正14）年8月4日付け記事

歌をうたい踊り続ける。男一団と女の一団が酋長を真ん中に踊り狂う様は、原始人の生活振が思われて、これも殿下には御覧があったので、グラウンドの回りには殿下の御姿を拝し尚之等の催しを見んとする観集二万に達し、興自らのって歓声湧き、殿下には此の盛況をことのほか御満足に御覧遊ばされたように拝察した。（下線部は引用者）

アイヌがトンコリ[29]やムックリ[30]といった伝統的な楽器を奏で、正装で歌いながら踊っており、皇太子が見物しているので、広場の周囲にはその姿を拝しさらにこの催しを見ようとする２万人もの観衆から歓声が湧き、記者が皇太子も盛況ぶりに「御満足」したように「拝察」したとある。

アイヌが伝統的な楽器を使用し、正装で歌舞を披露しており、ここでもアイヌの異民族性を強調する演出や皇太子のアイヌへの注目振りを記しているが、やはり、ここでも皇太子の表情はあくまで記者の推測であり、皇太子自身の言動を示す具体的な記載はなされていない。

こうした寡黙な皇太子の性格[31]は、本巡啓に先立つ、1922（大正11）年の北海道巡啓[32]や四国四県、和歌山県、兵庫県淡路島に対する巡啓において、皇太子は公共の空間では肉声を発することなく、皇太子の言葉が新聞に掲載されるのは、地元有力者との懇談などに限られたとされていることからも[33]、本巡啓以前に確立された行動様式だったといえる。

また、このような先住民の異民族性と皇族への感激を強調する演出は、明治・大正期の北海道行幸啓で行われたと指摘されており[34]、本巡啓においても基本的な構図は踏襲されているといえる。こうした異民族性を強調した催しに参加したアイヌ等の先住民は、皇太子にどのような反応をしたのだろうか。

『北海タイムス』８月12日付け記事には、二段抜きの見出しで「懇ろに英霊を弔われ／土人へ迄も御会釈／一視同仁の御高徳畏し／感激に咽んだ島民達」とあり、本文中には「十日樺太庁前の運動場に御成りの際、アイヌ、ギリヤーク等の土人に迄も御会釈を賜わるなど、之を拝する者皆殿下の御高徳に感泣せざる者はなかった。」とある。

皇太子がアイヌ等に対して生真面目に会釈をする様子を見て「感泣せざる者はなかった」とあるので、「感涙」したのは「島民達」であって、そこにアイヌ等先住民自身が含まれるのか判然としないが、いずれにせよ、和人に対しては、皇太子のまさに「一視同仁」を体現する、生真面目な態度をアピールする効果があり、アイヌ等の先住民に対しても、多少なりとも「臣民」としての自覚

29　トンコリとは、長さ１メートル、幅が15センチほどの五弦の竪琴のこと。アイヌ民族博物館監修『アイヌ文化の基礎知識』、草風館、1993年、210頁

30　ムックリとは、口琴、口琵琶ともいわれ、長さ約10〜15センチ、幅が１センチほどの竹製で板状の素材を用い、樺太アイヌには金属製のものがある。アイヌ民族博物館監修前掲『アイヌ文化の基礎知識』、210頁

31　明治天皇は、大正天皇の気まぐれさや意志の弱さを憂慮し、教育方針が失敗であったとの反省に立ち、乃木希典を学習院長に任命し、傅育に当たらせたとされる。飛鳥井雅道『明治大帝』、文藝春秋、2017年、304-307頁。また、東宮御学問所で倫理を担当した杉浦重剛にも影響を受け、特に杉浦の講義は行幸啓での態度に大きな影響を与えたとされる。原前掲書『可視化された帝国』、243頁

32　前掲拙稿、78-86頁、90-91頁

33　原前掲『可視化された帝国』、293頁

34　小川前掲「コタンへの『行幸』『行啓』とアイヌ教育」、55頁、58-59頁

を促す効果はあったといえる。

ウ　樺太庁農事試験場への沿道でのアイヌ及びロシア人の奉迎

　8月11日、皇太子は小沼駅で下車し、樺太庁農事試験場を訪問する沿道で、アイヌ及びロシア人の奉迎を受けている。

　まず、アイヌの奉迎を取り上げた『小樽新聞』8月13日付け記事では次のように記している。

写真2　豊原における奉迎の様子
（馴鹿競争は写真番号3）

出典）『小樽新聞』
1925（大正14）年8月14日付け

　　　小沼の土人部落では、殿下奉祝の意を表せんため
　　部落民全部休業し、各戸軒に奉祝の和文字を現わし
　　た軒灯及国旗を掲げ、沿道に整列熱誠奉迎した。又、
　　日本の小学校に通学して居るものは同窓会を開き、
　　一同整列奉迎した。（下線部は引用者）

　小沼のアイヌ集落では、家屋に提灯と国旗を掲げ、沿道に整列して奉迎し、続いて、ロシア人の奉迎を取り上げた『北海タイムス』8月13日付け記事では次のように記している。

　　　金色燦然たる御紋章の御召列車が小沼駅の仮ホームに御着になると海軍服を召された殿下
　　が仮ホームをお下りになる。（中略）其他供奉員を従えさせられ、沿道に立並ぶ支庁長、村長、
　　評議会議長、其他生徒、団体外一般村民約二千名の出迎えを受けさせられ、蝦夷松、椴松の
　　緑門に珍しく御目を注がせられて在島露人の出迎えを受けさせられ　（下線部は引用者）

　小沼駅から樺太庁農事試験場への沿道には、一般村民に混じり、「在島露人」の出迎えを受けたとあり、奉迎に参加したロシア人の具体的な様子は言及されていないが、『小樽新聞』8月14日付けに掲載された写真のなかに、洋服を着たロシア人が沿道に立ち並んでいる様子や、「奉迎」と書かれた提灯と日章旗を掲げた家屋の玄関に立つロシア人母子を撮影したものがあり、上述のアイヌと同様の形式で奉迎していることがわかる（写真3参照）。

エ　真岡港における多蘭泊アイヌを含む若者による三半船の競漕

　8月13日、皇太子は大泊港から軍艦長門に乗艦し本斗港へ向かう際、三半船競漕の披露を受けている。

　このときの状況を『北海タイムス』8月14日付け記事では、次のように記している。

　　　島民の三半船十数艘に、真岡支庁管内各町村の若者等が乗組お召艦の前迄のコースを競漕する
　　もので、各船共二十余名が棹を揃えて懸命に漕ぎ行く処、目にも止まらぬ程の速力が出るので、
　　勇壮極まりないものであった。この中には多蘭泊村から来たアイヌ土人の船も混じっていたので、

写真3　小沼におけるロシア人の奉迎

出典）いずれも『小樽新聞』1925（大正14）年8月14日付け

　格別殿下の御機嫌に適いし如く甲板にて御熱心に御観覧あり、一々御会釈をさえ賜わりしやに洩れ伝えらる。（下線部は引用者）

　軍艦長門の付近で、三半船の競漕が披露され、参加した者のなかに多蘭泊村から来たアイヌも混じっていたので、皇太子は御機嫌となり、甲板から熱心に見物し、参加者に一々会釈をしたと洩れ伝わるとある。

　多蘭泊村のアイヌが参加者のうち、どの程度を占めていたのか明らかではなく、また、軍艦長門の甲板から皇太子が三半船の漕ぎ手のなかに、アイヌが居たのかを識別するのは困難だったと思われる。皇太子は供奉した者から漕ぎ手のなかにアイヌが居ることを知らされていた可能性は否定できないが、いずれにせよ、皇太子が漕ぎ手にアイヌが居ることに気付き「格別殿下の御機嫌に適」ったかのように推測し、記事にしている。

　つまり、「見る」側の皇太子と「見られる」側のアイヌがお互いをはっきりを識別するのが困難な状況にありながら、記事ではあたかも皇太子がアイヌに注目を払ったかのように推測しているのである。

　このような構図は、1922（大正11）年の北海道巡啓においても見られた。北海道巡啓の際、皇太子が汽車の車窓から、十勝川で独木船に乗ったアイヌの操船を見物しており[35]、小川正人氏は、「実際に車窓の皇太子を『拝』することができたかどうかにかかわりなく（十勝川の川幅などから考えて、当のアイヌにはおそらく見えなかったと推測する）、記事（同じ場面を報じた『北海道教育』第50号（北海道教育連合会、1922年）のこと－筆者注）は饒舌にあたかもアイヌの目に『興味深げにこれを御覧じ給ふ御姿』が映じたかのように語るのである」と指摘している[36]。

　このことは、本巡啓における真岡港での三半船競漕を報じた記事と類似したものといえ、ここで

35　『北海タイムス』1922（大正11）年7月18日付け記事

も前述の樺太庁前運動公園における馴鹿競走等と同様、過去の巡啓で蓄積された演出方法が踏襲されているといえる。

（２）　君主制の危機の時代と視覚的支配の転換

　　第一次世界大戦中から、ロシア、ドイツ、オーストリアの君主制が相次いで崩壊し、世界的に「君主制の危機」の時代を迎えた[37]。大正天皇は1919（大正８）年ころから体調を悪化させており[38]、天皇の病気が人心を動揺させ、天皇制が危機に直面しているとの危惧は、原敬、山縣有朋、牧野伸顕らにより、政治的立場を超えて共有されていたとされる[39]。皇太子裕仁のヨーロッパ外遊中の報道や帰国後の「奉祝会」の開催で皇太子の人気は沸騰したとされ[40]、1921（大正10）年12月25日、皇太子が摂政に就任することとなった[41]。

　　このような日本を取り巻く国際情勢と天皇制の置かれた状況下に、本巡啓が行われた。大正天皇の病状悪化により、天皇と皇太子の役割を裕仁親王が一身に担うこととなり、皇太子の生身の身体を多くの人々の前に見せる視覚的支配の転換が図られたとされる[42]。

　　この時期の巡啓の特徴としては、公園等に集まった万単位の人々の前に皇太

図1　樺太巡啓における主なアイヌ等関係の出来事

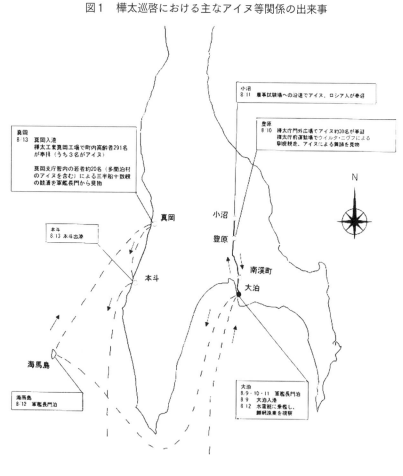

36　小川前掲「コタンへの『行幸』『行啓』とアイヌ教育」、58頁
37　河西秀哉「天皇制と現代化」『日本史研究』第582号、2011年、122頁
38　原武史『大正天皇』、朝日新聞社、221頁
39　原前掲『可視化された帝国』、242頁
40　伊藤之雄『昭和天皇伝』、文藝春秋社、2014年、110-112頁
41　原前掲『大正天皇』、248-249頁

子が姿を現す君民一体の政治空間が設定されるようになり、また、活動写真といった新たなメディアが導入され、皇太子巡啓の模様を記録した活動写真の上映会が訪問先の各地域で開かれるようになったとされる[43]。

本巡啓が行われた1920年代には、活動写真は大衆娯楽として普及しており[44]、皇太子のヨーロッパ外遊（1921（大正10）年3月3日〜同年9月3日）で初めて導入され、ヨーロッパ外遊中、新聞社は皇太子の動きを逐一撮影し、全国で映写会が開かれ、活動写真は新しいメディアとして皇太子への世間の関心

写真4　活動写真上映会の予告記事

出典）『小樽新聞』1925（大正14）年8月11日付け

を高めることに大きく寄与したとされる[45]。本巡啓に先立つ1922（大正11）年北海道巡啓では、北海道庁の指示により、北海タイムス社が皇太子に同行して活動写真を撮影し、還啓後、北海道各地で上映会を開かれたとされ[46]、本巡啓においても同様に、新聞社による撮影班が活動写真を記録し、皇太子の樺太滞在中に、樺太各地や北海道において映写会が開かれた[47]。（写真4参照）

本巡啓での皇太子は、樺太アイヌ等の先住民と接した際に「御満足に御覧遊ばされたように拝察」されるのみで、公共の空間では肉声を発しなかったが、こうした皇太子の振る舞いは、写真と文字による新聞というメディアにとって、皇太子は読者の注目を惹く記事にしづらい対象だったといえる。しかしながら、「写真よりもはるかに生々しく」被写体を見る者に伝えることのできる活動写真[48]は、新聞の記事や写真では伝わりにくい、皇太子の表情や視線が見る者に「生々し」く感じることができ、皇太子の寡黙な性格を大いに補完しえるメディアであったといえよう。

また、樺太では1922（大正11）年に町村制、1924（大正13）年に国籍法、戸籍法、徴兵令等が施行されるなど、移住者の定住化を促進させる環境が整えられた[49]。加藤絢子氏は、これらは後述の1925（大正14）年の日ソ国交樹立に伴うサハリン島北部保障占領解除による、国境線の「再浮上」に対する樺太での国民統合であった指摘する[50]。

本巡啓が実施されている最中に、樺太や北海道において活動写真の映写会が訪問先や周辺地域の各地で開かれることで、奉迎に直接参加することができなかった人々がほぼリアルタイムで皇太子

42　原前掲『可視化された帝国』、268頁
43　同上、268頁
44　長谷川倫子「劇映画製作会社からみたトーキー化までの日本映画界（1）」『コミュニケーション科学』第38号、東京経済大学、2013年、81-82頁
45　原武史『昭和天皇』、岩波書店、2008年、44-45頁
46　原前掲『可視化された帝国』、284頁
47　『小樽新聞』1925（大正14）年8月11日・12日・13日付け記事
48　原前掲『可視化された帝国』、272頁
49　加藤絢子「樺太先住民の戸籍－無国籍から日本臣民へ－」『北海道・東北史研究』第8号、2012年、60頁
50　同上、67頁

の動向を見ることができた。こうしたことを通じて、より幅広い人々が巡啓を追体験することができ[51]、樺太に住む幅広い人々に対して視覚的支配を及ぼすことを可能にした。また、これらの人々に国境線の「再浮上」により帝国日本の最北辺の住民となったことを認識させる意義があったといえよう[52]。

（3）　日ソ国交樹立

　本巡啓が実施されたのは、1905（明治38）年9月のポーツマス条約締結により、サハリン島北緯50度以南が日本領樺太となって約20年が経過し、また、1925（大正14）年1月20日、日本とソビエト連邦との間で締結された「日ソ基本条約」により両国間の国交が樹立された直後のタイミングであった。

　ポーツマス条約締結前後に、サハリン島を占領した日本軍が住民を沿海州へ「送還」し、日本領となった樺太では1906（明治39）年の解氷期に、残留していた住民の大半が立ち去った結果、「残留ロシア人」は約200名程度になったとされる[53]。

　本巡啓が行われた1925（大正14）年における樺太の人口は18万9,036人で、日本人以外の国籍及び民族は、ロシア人は127人、樺太アイヌは1,339人、ニヴフ104人、ウイルタ258人となっており、

表2　樺太における国籍等別人口の推移

		1906年 明治39年	1910年 明治43年	1915年 大正4年	1920年 大正9年	1925年 大正14年
日本人	人数	10,806	28,721	58,382	89,259	186,948
	割合（%）	87.4	92.6	96.4	97.9	98.9
ロシア人	人数	227	168	85	115	127
	割合（%）	1.8	0.5	0.1	0.1	0.1
その他外国人	人数	37	25	28	22	237
	割合（%）	0.3	0.1	0.0	0.0	0.1
樺太アイヌ	人数	1,163	1,597	1,590	1,353	1,339
	割合（%）	9.4	5.1	2.6	1.5	0.7
ニヴフ	人数	37	150	106	94	104
	割合（%）	0.3	0.5	0.2	0.1	0.1
ウイルタ	人数	91	318	346	277	258
	割合（%）	0.7	1.0	0.6	0.3	0.1
その他の先住民	人数		38	24	16	23
	割合（%）		0.1	0.0	0.0	0.0
計		12,361	31,017	60,561	91,136	189,036

※　『樺太殖民の沿革』[54]に基づき、作成した。

※　樺太アイヌは、1932（昭和7）年に戸籍が付与され、ニヴフ、ウイルタ等の先住民は日本国籍が付与されたが、それ以前、樺太先住民の法的地位は未確定だったとされる[55]。よって、本表では樺太アイヌ、ニヴフ、ウイルタ等の先住民は無国籍として、民族単位で人口を計上しているが、1875（明治8）年5月、日本とロシアとの間で締結された樺太・千島交換条約締結後に北海道へ強制的に移住させられた樺太アイヌは、戸籍を取得したことから「有籍アイヌ」といわれ、日本の樺太領有後に帰還した有籍アイヌは日本国籍が保留されたため[56]、有籍アイヌについては「日本人」に計上されている可能性もある。

51　原前掲『可視化された帝国』、268頁
52　この点については、河西秀哉氏による、戦後の皇族による稚内を始めとする北海道北部への訪問の意義について、敗戦による樺太失陥で、北海道北部が新たに国境となった事実を住民に自覚させる契機になったとする指摘から示唆を得た。河西前掲「象徴天皇制と北海道北部」、100-107頁
53　板橋政樹「退去か、それとも残留か－一九〇五年夏、サハリン島民の『選択』」、原暉之編『日露戦争とサハリン島』、北海道大学出版会、2011年、159頁
54　樺太庁農林部『樺太殖民の沿革』、1929年、56-58頁
55　加藤前掲「樺太先住民の戸籍－無国籍から日本臣民へ－」、64-67頁
56　同上、57頁

ロシア人は、樺太の住民の中でも圧倒的にマイノリティであった（表２参照）。

池田裕子氏は、本巡啓について「先の台湾（1923（大正12）年台湾巡啓のこと−筆者注）と併せて考えると、帝国日本の領土の南北端を訪問するという、まさに摂政としての立場に相応しい領土確認の旅」とし、本巡啓は、摂政による帝国日本の北端領土の確認という政治的意義を有したと指摘する[57]。

ポーツマス条約により、サハリン島北緯50度以南が日本領となった後も残留し続けたロシア人は、カトリック教徒やイスラム教徒が多くロシア帝国内では宗教的少数派であり、また、ロシア国籍であってもポーランド人やタタール人も含まれていたとされる[58]。表１のとおり、徐々に減少しつつあったロシア人は1920年代に入ると増加傾向に転じているが、これは尼港事件を契機とする日本軍によるサハリン島北部の保障占領[59]解除に伴い、ソ連の統治を嫌ったロシア人の移住があったためとされ[60]、保障占領解除に伴う日本軍の撤退により、サハリン島北部に居住していたロシア人のうち、日本軍政部に雇われた官吏や日本軍への協力者といった親日派、資産家、元白軍軍人などがソ連の統治を避け、日本へ避難・亡命し、その一部は樺太へ移住したとされる[61]。

住民に占めるロシア人の割合は僅かであるが、樺太に残留又は移住してきたロシア人は、本国では宗教的、民族的にマイノリティであったり、ソ連の統治に嫌悪感を持っていたりと、いずれも本国で生活することが困難な人々だったといえる[62]。こうしたロシア人が奉迎に参加し、皇太子を歓迎したとする報道は、皇恩が最北の領土に住む、不幸な境遇に置かれた外国人にまで及んでいることを国内外に示す格好の機会になり、また、こうした外国人に対して帝国日本の臣民であることを認識させる契機になったといえよう。

4　おわりに

皇太子裕仁は、1925（大正14）年１月に締結された日ソ基本条約により、ソ連との国交が正常化した直後のタイミングに樺太を訪問した。

樺太領有後、新たに支配下に入った先住民は奉迎に動員され、その異民族性を顕示する演出がなされ、皇太子に注目を払われたことに先住民が「感涙」し、「臣民」としての自覚を促されるという、北海道で過去に実施されてきた行幸啓と同様の構図がそこでも見られた。

また、サハリン島北部の保障占領解除により、北緯50度線上の国境が「再浮上」することとなった。君主制の危機と視覚的支配転換の時期に普及した活動写真という、訴求性の強い新たなメディアを

57　池田前掲「裕仁皇太子の稚内行啓」、53頁

58　天野前掲「樺太の地理と人びと」、39-40頁

59　シベリア出兵中（1918（大正７）年〜1922（大正11）年)の1920（大正９）年３月、アムール川河口のニコラエフスク（尼港）に駐留した日本守備隊と居留民がパルチザン軍に殺害されたことを契機に、日本軍はサハリン島北部を保障占領した。日本史広辞典編集委員会編『日本史広辞典』、山川出版社、1997年

60　天野前掲「樺太の地理と人びと」、41頁

61　倉田有佳「日本軍の保障占領末期に北樺太から日本へ避難・亡命したロシア人（1924-1925年）」、中村喜和・長縄光男ら編、『異郷に生きるⅥ−来日ロシア人の足跡』、成文社、2016年、157-158頁、166頁

62　サハリン北部の保障占領解除に伴う同地からの人々の移動については、中山大将『国境は誰のためにある？−境界地域サハリン・樺太−』、清水書院、2019年、85-87頁参照。

活用することで、奉迎に直接参加しなかった樺太の人々に対しても、巡啓とリアルタイムに視覚的支配を及ぼすことができ、また、帝国最北辺の住民であることを認識させることとなった。

　さらに、ソ連の支配を嫌ったロシア人が流入しつつあった樺太に、摂政である皇太子が訪問することは、国交樹立直後のソ連に対して、樺太が日本領であることを示すとともに、ソ連に抑圧された人々に「一視同仁」の理念の下、皇恩が及んでことをアピールすることで、内外に帝国日本への統合を認識させる意義があった。

　このような情勢下で実施された樺太巡啓は、基本的な構図においては北海道行幸啓—特に、1922（大正11）年の皇太子裕仁によるもの—を踏襲しつつも[63]、樺太領有により新たに支配下に入った先住民、ソ連の統治を嫌うロシア人の流入及び領有前からの残留ロシア人の存在といった、植民地かつ陸地国境の存在といった樺太特有の事情を反映したものだったといえる。

謝辞

　本稿は、放送大学大学院文化科学研究科に提出した修士論文「戦前期の内国植民地北海道における行幸啓についての考察−アイヌとの関わりを中心に−」（放送大学大学院文化科学研究科社会経営科学プログラム修士論文、2019年12月15日提出）の一部を修正・加筆したものである。

　修士論文を執筆するに当たり、要領を得ず、迷走しがちであった筆者に対して、根気強く親身になってご指導いただいた指導教員の原武史教授に御礼を申し上げる。また、論文審査の副査である放送大学白鳥潤一郎准教授には、口頭試問の際に多くの有意義な示唆をいただいた。大学院の原武史ゼミ生の皆様との議論では、筆者が見落としていた論点や視点を幾度となく指摘していただいたことや、働きながら研究を続けている仲間との交流が論文執筆のモチベーション維持の大きな支えとなった。

　さらに、北海道・東北史研究会の方々は、新参者の筆者を暖かく迎えていただき、激励や貴重な助言をいただいた。

　これらの方々の存在なしには、本稿を完成させることは叶わなかった。末筆ながら記して感謝の意とさせていただく。

63　1922（大正11）年北海道巡啓との類似性は、本巡啓が近接した時期に実施されたのみならず、樺太の開発は北海道の延長にあり、双方を「我が国の活動に関する限り切り離すことはむづかし」いとする、高倉新一郎の認識が戦前期の為政者に共有されていたためと考えられる。高倉新一郎『北海道拓殖史』、柏葉書院、1947年、5頁

【参考文献】

アイヌ民族博物館監修（1993）『アイヌ文化の基礎知識』、草風館

飛鳥井雅道（2017）『明治大帝』、文藝春秋

天野尚樹（2017）「樺太の地理と人びと」、原暉之・天野尚樹編『樺太四〇年の歴史－四〇万人の故郷』、一般社団法人全国樺太連盟

天野尚樹（2018）「樺太における『国内植民地』の形成」、今西一・飯塚一幸編『帝国日本の移動と動員』、大阪大学出版会

池田裕子（2015）「裕仁皇太子の稚内行啓」『北海道・東北史研究』第10号

板橋政樹（2011）「退去か、それとも残留か――一九〇五年夏、サハリン島民の『選択』」、原暉之編『日露戦争とサハリン島』、北海道大学出版会

伊藤之雄（2014）『昭和天皇伝』、文藝春秋社

今尾恵介・原武史監修（2009）『日本鉄道旅行地図帳　歴史編成　満洲樺太』、新潮社

小川正人（1991）「コタンへの『行幸』『行啓』とアイヌ教育」『日本の教育史学』第34巻

梶田明宏「大正十年皇太子御外遊における訪問国決定の経緯について」『書陵部紀要』第57号

加藤絢子（2012）「樺太先住民の戸籍－無国籍から日本臣民へ－」『北海道・東北史研究』第8号

樺太アイヌ史研究会編（1992）『対雁の碑－樺太アイヌ強制移住の歴史』、北海道出版企画センター

樺太庁編（1930）『皇太子殿下樺太行啓記』

樺太庁編（1936）『樺太庁施政三十年史』（1974年復刻版）

樺太庁農林部（1929）『樺太殖民の沿革』

河西秀哉（2011）「天皇制と現代化」『日本史研究』第582号

河西秀哉（2019）「象徴天皇制と北海道北部」、河西秀哉・瀬畑源ら編『〈地域〉から見える天皇制』、吉田書店、2019年

宮内庁編（2015）『昭和天皇実録』第四、東京書籍

倉田有佳（2016）「日本軍の保障占領末期に北樺太から日本へ避難・亡命したロシア人（1924-1925年）」、中村喜和・長縄光男ら編、『異郷に生きるⅥ－来日ロシア人の足跡』、成文社

須藤浩司（2019）「戦前期の内国植民地北海道における行幸啓についての考察－アイヌとの関わりを中心に－」（放送大学大学院文化科学研究科社会経営科学プログラム修士論文、2019年12月15日提出）

大霞会編（1971）『内務省史』第三巻、地方財務協会

高倉新一郎（1947）『北海道拓殖史』、柏葉書院

中山大将（2014）『亜寒帯植民地樺太の移民社会形成』、京都大学学術出版会

中山大将（2019）『国境は誰のためにある？－境界地域サハリン・樺太－』、清水書院

ニコライ・ヴィシネフスキー（2006）『トナカイ王』、小山内道子訳、成文社

日本史広辞典編集委員会編（1997）『日本史広辞典』、山川出版社

長谷川倫子（2013）「劇映画製作会社からみたトーキー化までの日本映画界（１）」、『コミュニケーション科学』第38号、東京経済大学

原武史（2000）『大正天皇』、朝日新聞社

原武史（2001）『可視化された帝国』、みすず書房

原武史（2005）「巡幸」、原武史・吉田裕編、『岩波 天皇・皇室辞典』、岩波書店

原武史（2008）『昭和天皇』、岩波書店

三木理史（2006）『国境の植民地・樺太』、塙書房

（すどう・こうじ／佛教大学大学院生）

【研究ノート】

「蝦夷語集」の日本語と「節用集」との連係性を探る

中村　一枝

1．はじめに

　近世の蝦夷語に私が関心を寄せ始めたのは永久保秀二郎の「アイヌ語雑録」の検証に着手した二十数年前になる。この検証に近世の蝦夷語を加えたいと思ったが、必要な文献を揃えることは容易ではなかった。その後、北方史料研究会に於いて、谷澤尚一先生の「上原熊次郎」の講演を聴講し、「蝦夷語集」のコピーが北海道大学附属図書館北方資料室に所蔵されていることを知った。早速、「蝦夷語集」に接することができた時は感慨一入であった。語彙検証に「アイヌ語雑録」を加えることが可能になり、2014年12月に中村一枝編注『永久保秀二郎の「アイヌ語雑録」をひもとく』（寿郎社、2014年）が完成した。

　「蝦夷語集」に対し、索引の必要性を痛感していたので、2016年から「蝦夷語集」の索引づくりに向き合うことにした。まず、蝦夷語対日本語の個別カードを作成した。次に、「蝦夷語集」の索引づくりを支える方々により、印字化された。しかし、それから先は難航した。

　「蝦夷語集」の索引づくりをめざす中で、あて字が多いことに気づいた。特殊なあて字については、ほかに用例があるのだろうかと疑った。探索に至らず停滞していた時、北海道大学佐藤知己教授を通し、高橋大希氏（2017年2月当時北海道大学大学院生）に面会、助言を頂く機会があった。この時の助言により「節用集」へと導かれ、「蝦夷語集」の日本語は「節用集」を参考に用いた可能性があると気付いた。そこで、「蝦夷語集」の日本語と「節用集」との連係性を探るに至った。

2．「蝦夷語集」の日本語と『節用集』との連係性を探る調査

　対照の際に用いる『節用集』は、天明2年（1782）原版、寛政7年（1795）補刻本『万代節用字林蔵』（『節用集大系』第40巻、大空社、1994年所収影印本を利用）である。『万代節用字林蔵』（以下、『節用集』と略記）の組織は、いろは順、各部内を意義に従い、乾坤、時候、神祇、官位、人倫、名字、衣食、支体、気形、草木、器財、数量、言語の各部門に分けている。「蝦夷語集」の組織も、いろは順で、各部内の部門分けは、名字、官位を除き、居所を加えたほかは、「節用集」と共通する。

　「蝦夷語集」の日本語と『節用集』との間の連係性を探るに当り、今回、天地（「蝦夷語集」の名称）・乾坤（「節用集」の名称）門と支体（両テキスト共通の名称）門の語彙を対象にした。以下に、調査結果を記す。

```
┌─────────────────────────────────────────────────────────────┐
│  凡例                                                          │
│  １．「蝦夷語集」、『節用集』間の連係の語を連係、連係しない語を非連係とした。ここで    │
│     いう「連係」とは両本に共通して載せられる語を指し、「非連係」とは、「蝦夷語集」    │
│     のみに記載され、『節用集』には載せられていない語を指す。                    │
│  ２．所収部分「蝦夷語集」は、元・亨・利・貞の巻別、丁数、表（オ）裏（ウ）、影印版    │
│     （北海道大学アイヌ・先住民研究センター古文書プロジェクト報告書３及び４(注③)）の頁数で、『節  │
│     用集』は『万代節用字林蔵』影印版（大空社刊）の頁数である。                 │
│  ３．天地・乾坤門（83 ～ 94頁）と支体門（94 ～ 104頁）の全語を調査した。       │
└─────────────────────────────────────────────────────────────┘
```

I　天地・乾坤門

伊・いの部

「蝦夷語集」元　１オ～２オ（古文書プロジェクト報告書《以下報告書と略記》３、３～４頁）

『節用集』：大空版　65 ～ 66頁。

上記箇所所載「蝦夷語集」日本語（和語）28語の内

イ．「蝦夷語集」、『節用集』間に連係（以下、「連係」と略記）18語
　　陰陽。陰気。雷公。雷。牽牛（牽牛－節用集）。嶺。嵓（岩－節用集）。曲江。窟。池。石山。
　　磯。砂。石橋。板橋。田舎。異国。射場。

ロ．「蝦夷語集」、『節用集』間に非連係（以下、「非連係」と略記）10語
　　陰。陰海。嵓間。井戸。市場。市店。漁火。一里塚。石 惣名。石原。

呂・ろの部

「蝦夷語集」元　17オ（報告書３、19頁）

『節用集』85頁

「蝦夷語集」２語の内

イ．連係　２語
　　陸地。路傍。

ロ．非連携　該当ナシ

波・はの部

「蝦夷語集」元　18ウ～19ウ（報告書３、21 ～ 22頁）

『節用集』88 ～ 89頁

「蝦夷語集」17語の内

イ．連係　８語
　　白昼。暴風。薄氷。圃。原。浜。梁。兀山。

ロ．非連係　９語

浜辺。方角。橋。林。場所。湍 _{河早瀬。}半腹 _{山の。}灰。晴。

仁・にの部

「蝦夷語集」元　28オ（報告書3、30頁）

『節用集』109頁

「蝦夷語集」6語の内

イ．連係　5語

日輪。日本。虹。 驟 雨。秦風 _{西風なり。}

ロ．非連係　1語

西。

保・ほの部

「蝦夷語集」元　32オ〜32ウ（報告書3、34〜35頁）

『節用集』115〜116頁

「蝦夷語集」10語の内

イ．連係　8語

本国。北斗 _{破軍星。}堀。細道。辺。暴雨。埃。星。

ロ．非連係　2語

洞。炎。

辺・への部

「蝦夷語集」元　37ウ（報告書3、40頁）

『節用集』125頁

「蝦夷語集」4語の内

イ．連係　1語

鄙辺。

ロ．非連係　3語

碧天。雹。平地。

都・との部

「蝦夷語集」元　41ウ〜42オ（報告書3、44頁）

『節用集』130頁

「蝦夷語集」3語の内

イ．連係　2語

淤泥。峠。

ロ．非連係　1語

唐土。

知・ちの部

「蝦夷語集」元　50ウ〜51オ（報告書3、53頁）

『節用集』141頁

「蝦夷語集」9語の内

イ．連係　5語
　　街。岐。塵。地震。地獄。

ロ．非連係　4語
　　地方。地面。地。地響。

利・りの部

「蝦夷語集」元　57ウ〜58オ（報告書3、60頁）

『節用集』150頁

「蝦夷語集」5語の内

イ．連係　4語
　　霖雨。林間。隣国。陸。

ロ．非連係　1語
　　隣林

奴・ぬの部

「蝦夷語集」元　61ウ（報告書3、64頁）

『節用集』154頁

「蝦夷語集」2語の内

イ．連係　1語
　　沼

ロ．非連係　1語
　　泥濘。

留・るの部

「蝦夷語集」、『節用集』　天地・乾坤門ナシ

遠・おの部

「蝦夷語集」元　65オ〜65ウ（報告書3、67〜68頁）

『節用集』157〜158頁

「蝦夷語集」16語の内

イ．連係　7語
　　大虚。雹霰。大雨。颶。大風。洪水。沖。追風 順風。岡 丘、卓、陵、丘（節用集丘ナシ）。

ロ．非連係　9語
　洪波 濤波。巨海 おほうみ。沖方。往還。岡道。岐路 追分。小川。小沢。大干潟。

和・わの部

「蝦夷語集」元　75ウ（報告書3、78頁）

『節用集』172頁

「蝦夷語集」4語の内

イ．連係　1語
　広海 わだつみ（節用集―広原海 わだっみ）。

ロ．非連係　3語
　岐 路 わかれみち。湧水川。湾 わん。

加・かの部

「蝦夷語集」元　80ウ〜82オ（報告書3、83〜84頁）

『節用集』178〜179頁

「蝦夷語集」38語の内

イ．連係　7語
　雷公。風。陽炎 かげろふ。霞 かさ。暈 ウン 日月の。厳窟 がんくつ イハホアナ。街道 海―トモ。

ロ．非連係　31語
　耀度星 かばたれぼし。 具 かたぶく 月日の。寒気。旱魃。河。川舟着 かはぶち。河縁 かはそば 高―。河傍。河筋。河瀬。川岸。空堀 からほり。川向。
　川手前 アケマヘニイヅルホシ ショク。川辺野。川原。通路。峪 せつぺき 絶壁。海上。海辺 かよひぢ がけ。潟 かた 海ばた也。篝火 かはきつち カタツチ。乾土。坦。行程。川上。
　川下。川尻。軽石。漢土 唐土。影 物―。

与・よの部

「蝦夷語集」亨　1オ（報告書3、102頁）

『節用集』200頁

「蝦夷語集」3語の内

イ．連係　該当ナシ

ロ．非連係　3語
　流 星 よぐひぼし。長 庚 よひのみやうじやう。湯海 嶋の。

多、太・たの部

「蝦夷語集」亨　7ウ〜8オ（報告書3、109頁）

『節用集』204〜205頁

「蝦夷語集」13語の内

イ．連係　9語

太白星。滝 瀑布。礴石。嶽。澗 _{たていし} _{たけ} _{たに} 水あるを云ふ（節用集―有水）。谷 水なきを云ふ（節用集―無水）。峠。直 _{たつ}
漪。台。_{なみ} _{だい}

ロ．非連係　4語

　　高嶺。経―緯。嶰間 谷間。靉靆。_{たて} _{よこ} _{たにま} _{たなびく}
　　　　　　　 カイカン

礼・れの部

「蝦夷語集」亨　18ウ（報告書3、120頁）

『節用集』216頁

「蝦夷語集」3語の内

イ．連係　1語

　　霊地。

ロ．非連係　2語

　　連雨。霊山。

曽・その部

「蝦夷語集」亨　21オ〜21ウ（報告書3、122〜123頁）

『節用集』219頁

「蝦夷語集」6語の内

イ．連係　5語

　　空。微降雨。外面。杣山。峡 山のかいなり。_{そぼふるあめ} _{そとも} _{そは}

ロ．非連係　1語

　　微風。_{そよへかぜ}

津・つの部

「蝦夷語集」亨　28ウ〜29オ（報告書3、130頁）

『節用集』223〜224頁

「蝦夷語集」10語の内

イ．連係　5語

　　旋風。露。地 土。墳 墓。塚。_{つぢかぜ} _{つち}
　　ツムヂカゼ
　　センプウ

ロ．非連係　5語

　　圯橋。九折。月。津波。衢 辻。_{つちはし} _{つづらおり} _{つぢ}
　　　　　　　　　　　　　 _{ちまた}

祢・ねの部

「蝦夷語集」亨　38ウ（報告書3、140頁）

『節用集』230頁

「蝦夷語集」1語の内

イ．連係　1語
　　埴。_{ねばつち}

ロ．非連係　該当ナシ

奈・なの部

「蝦夷語集」亨　42ウ（報告書3、144頁）

『節用集』233頁

「蝦夷語集」8語の内

イ．連係　4語
　　霖雨。浪 _波。波打際。渚。

ロ．非連係　4語
　　難所。流 _{滝又小川の―}。難海。灘。

良・らの部

「蝦夷語集」亨　51ウ（報告書3、153頁）

『節用集』240頁

「蝦夷語集」4語の内

イ．連係　1語
　　雷電。

ロ．非連係　3語
　　塁地。雷鳴。雷雨。
　　_{ヨケイノチ}

武・むの部

「蝦夷語集」亨　56オ（報告書3、157～158頁）

『節用集』243頁

「蝦夷語集」9語の内

イ．連係　5語
　　村雨。林時雨。村 _邑 頓。駅路 。墓所。

ロ．非連係　4語
　　村雲。郷曲。逆風。埋井

宇・うの部

「蝦夷語集」亨　62ウ（報告書3、 163～164頁）

『節用集』248頁

「蝦夷語集」12語の内

イ．連係　9語

海。海原。㳜。海漚。潮汐。浦。溶 浪の（節用集—波の）。畈 畑の。宇宙（節用集—宇宙）。

ロ．非連係　3語

雨天。海瀬。容裔浪。

乃・のの部

「蝦夷語集」亨　70ウ〜71オ（報告書3、172頁）

『節用集』256頁

「蝦夷語集」6語の内

イ．連係　4語

暴風。野辺。野原。野。

ロ．非連係　2語

霽和 長閑。野合 川辺の一。

久・くの部

「蝦夷語集」亨　75オ（報告書3、176頁）

『節用集』259頁

「蝦夷語集」7語の内

イ．連係　5語

雲。暈 月の。曇 甊。国 邦。陸。

ロ．非連係　2語

黒雲。国境。

也・やの部

「蝦夷語集」亨　84ウ（報告書3、186頁）

『節用集』268〜269頁

「蝦夷語集」10語の内

イ．連係　4語

山 岑 嶠 轡 惣名（節用集　山のみ）。山端。山隝。藪。

ロ．非連係　6語

山中。山蔭。山陽。山崩洪水。山中英。谷地。

末・まの部

「蝦夷語集」利　7オ（報告書4、8頁）

『節用集』274頁

「蝦夷語集」3語の内

イ．連係　3語

町 街。 牧 馬の。 満月 （節用集は時候部に）

ロ．非連係　該当ナシ

計・けの部

「蝦夷語集」利　17ウ（報告書4、19頁）

『節用集』280頁

「蝦夷語集」利　7語の内

イ．連係　4語

　　気色。煙。恵風 春の風 （節用集―春風也）。嚴風 冬の風 （節用集―冬風也）。

ロ．非連係　3語

　　牽牛星。源水。啓 明 アケノミヤクチヨフ 。

不・ふの部

「蝦夷語集」利　24オ〜24ウ（報告書4、25〜26頁）

『節用集』　285〜286頁

「蝦夷語集」　7語の内

イ．連係　5語

　　雪吹 ふぶき 。麓 ふもと 埜。淵 ふかだに 。嶰峅 カウラウ （節用集―嶰峅）。霏 深池 ふかきいけ （節用集― 霏 ）。

ロ．非連係　2語

　　舟橋。古河。

巳（己）・この部

「蝦夷語集」利　35オ〜36オ（報告書4、36〜37頁）

『節用集』　294〜295頁

「蝦夷語集」　16語の内

イ．連係　13語

　　東風 こち 。小雨 ビ 霺。木枯 こがらし 颿。冰 氷 。小池。小嶋 嶼。湖水。洪水。虹梁 こうりやう 。谷響 こくきやう 。小路 こうぢ 巷 ちまた 。国衙 クニサカヒ 。
　　極楽 地獄―。

ロ．非連係　3語

　　凍。凝 石 コリカタマルイシ 。此世。

江・えの部

「蝦夷語集」利　49オ（報告書4、50頁）

『節用集』　305〜306頁

「蝦夷語集」　5語の内

イ．連係　3語

閻浮提。頴泉 _{えいせん} 滝なり。蝦夷地（節用集—蝦夷　外国）。

ロ．非連係　2語

駅場 _{えきば}。泝河 _{ゑだがは}。

天・ての部

「蝦夷語集」利　54オ（報告書4、55頁）

『節用集』　309頁

「蝦夷語集」　7語の内

イ．連係　5語

天下。天竺（節用集—天竺国）。田地。電光 _{イナビカリ}。手洗水。

ロ．非連係　2語

天。帝都。

安・あの部

「蝦夷語集」貞　1オ〜1ウ（報告書4、66〜67頁）

『節用集』　314頁

「蝦夷語集」　15語の内

イ．連係　11語

天下 _{あめがした}。雨。淡雪。霰。秋雨。潦水 _{あまみづ}。青雲。明星 _{あけのほし}。天河 _{銀河}。嵐。闇夜。

ロ．非連係　4語

滄海 _{あをうみ}。奔浪 _{あらなみ}。淦 _{あか} 澱 舟の。空間地 _{あきち}。

左・さの部

「蝦夷語集」貞　14オ〜14ウ（報告書4、79〜80頁）

『節用集』　325頁

「蝦夷語集」　14語の内

イ．連係　11語

冴 _{さゆる} 晶 月の（節用集—冴 _{きやけし} 月の 晶）。漣 _{さざなみ}。微雨 _{ささめ}。滄溟 _{さうめい}。崎。坂 嶝。郷 _{うなばら} 里。山上。山下。沢 沢辺。細 石 _{さざれいし} 小石。

ロ．非連係　3語

山路。山林。境 境目。

幾・きの部

「蝦夷語集」貞　26ウ〜27オ（報告書4、92頁）

『節用集』　334頁

「蝦夷語集」　11語の内

イ．連係　5語

北風。霧。霙^{きりあめ}。霰^{きりいし}。截石。岸。

ロ．非連係　6語

逆風^{ぎゃくふう}。北。近郷。近国。急流。曲径^{きょくけい}。

由・ゆの部

「蝦夷語集」貞　37オ〜37ウ（報告書4、102〜103頁）

『節用集』　345頁

「蝦夷語集」　6語の内

イ．連係　4語

雪。白雨^{ゆふだち} 夕立。夕月。温泉^ゆ

ロ．非連係　2語

夕日。湯気^{ゆげ}。

女・めの部

「蝦夷語集」貞　43オ（報告書4、108頁）

『節用集』　348頁

「蝦夷語集」　2語の内

イ．連係　2語

明月。名所 勝地。

ロ．非連係　該当ナシ

美・みの部

「蝦夷語集」貞　48オ〜49ウ（報告書4、113〜114頁）

『節用集』　350〜351頁

「蝦夷語集」　13語の内

イ．連係　11語

明星。湖。水底^{みづうみ} 川の— 海の—（節用集—川の　海のナシ）。水上。岑 嶺 峯。道 路。湊。霙^{みぞれ} 雨雪。南。京都（節用集—都^{みやこ} 京^{みやこ}）。深山^{みやま}。

ロ．非連係　2語

初月^{みかづき} 三日月。水。

之・しの部

「蝦夷語集」貞　56オ〜56ウ（報告書4、121〜122頁）

『節用集』　356〜357頁

「蝦夷語集」　14語の内

イ．連係　11語
　　霜。時雨。霰―。滴。雫。紫雲。海水。塩。嶋。温地。汐路（節用集―塩路）。汐干。

ロ．非連係　3語
　　支那。下モ 川の―。汐満。

比・ひの部

「蝦夷語集」貞　72ウ（報告書4、138頁）

『節用集』　376～377頁

「蝦夷語集」　7語の内

イ．連係　4語
　　東。東風（節用集―谷風）。干潟。嶼（節用集―嶼）。

ロ．非連係　3語
　　日向。火。日 何日の。

毛・もの部

「蝦夷語集」貞　82オ（報告書4、147頁）

『節用集』　385頁

「蝦夷語集」　2語の内

イ．連係　1語
　　唐土（節用集―大唐国）

ロ．非連係　1語
　　森。

世・せの部

「蝦夷語集」貞　88ウ～89オ（報告書4、154頁）

『節用集』　389頁

「蝦夷語集」　7語の内

イ．連係　5語
　　晴天。夕陽。青陽。瀬。迫門。

ロ．非連係　2語
　　絶頂 山の。戦場。

寸・すの部

「蝦夷語集」貞　96オ（報告書4、161頁）

『節用集』　394～395頁

「蝦夷語集　5語の内

　イ．連係　5語

　　吹花 <ruby>春風<rt>すいくわ</rt></ruby>なり。砂 沙。<ruby>炭竈<rt>すみがま</rt></ruby>。下 山の。角 <ruby>隅<rt>すそ</rt></ruby>。

　ロ．非連係　該当ナシ

Ⅱ　支体門

　伊・いの部

　「蝦夷語集」元　4オ〜5オ（報告書3、6〜7頁）

　『節用集』　69頁

　「蝦夷語集」元　25語の内

　イ．連係　16語

　　<ruby>寿命<rt>いのち</rt></ruby>。息。<ruby>疣<rt>いぼ</rt></ruby>。<ruby>尿<rt>いばり</rt></ruby>。<ruby>缺唇<rt>いぐち</rt></ruby>（節用集—缺骭）。<ruby>猪頸<rt>いぐち</rt></ruby>。<ruby>瓊剋<rt>いくび</rt></ruby>。<ruby>頂<rt>いれずみ</rt></ruby>。<ruby>膝行<rt>いただき</rt></ruby>。<ruby>膀胱<rt>いざり</rt></ruby>。<ruby>遺精<rt>いばりぶくろ</rt></ruby>。<ruby>陰茎<rt>るせい</rt></ruby>。陰囊。<ruby>ユメニセイモルル</ruby>
　　<ruby>疱瘡<rt>いもがさ</rt></ruby>（節用集—疱瘡）。<ruby>鼾<rt>いも</rt></ruby>。<ruby>胚目<rt>いびきいをのめ</rt></ruby>。

　ロ．非連係　9語

　　<ruby>膽<rt>い</rt></ruby>。<ruby>溢精<rt>いんせい</rt></ruby>。陰門。<ruby>胃腑<rt>いぶくろ</rt></ruby>。<ruby>陰山<rt>いき</rt></ruby>。生 <ruby>活<rt>いたむ</rt></ruby>。<ruby>疼痛<rt>いゆる</rt></ruby>。<ruby>癒<rt>いきのこる</rt></ruby> 瘥。活残。
　　　　　　　　　　　サ ネ

　呂・ろの部

　「蝦夷語集」元　17ウ（報告書3、20頁）

　『節用集』　86頁

　「蝦夷語集」　1語の内

　イ．連係　該当ナシ

　ロ．非連係　1語

　　六肘。

　波・はの部

　「蝦夷語集」元　20ウ〜21ウ（報告集3、23〜24頁）

　『節用集』　94頁

　「蝦夷語集」　22語の内

　イ．連係　13語

　　<ruby>徒跣<rt>はだし</rt></ruby>。<ruby>懐妊<rt>はらむ</rt></ruby>。腹。<ruby>禿<rt>はげ</rt></ruby>。疱瘡。<ruby>麻疹<rt>はしか</rt></ruby>。<ruby>腫物<rt>はれもの</rt></ruby>。<ruby>胻<rt>はぎ</rt></ruby>。鼻。歯。<ruby>齲<rt>はぐき</rt></ruby> 歯歪。白髪。<ruby>肌<rt>はだ</rt></ruby>。

　ロ．非連係　9語

　　<ruby>腸肌<rt>はらはだ</rt></ruby>。<ruby>裸裎<rt>はだか</rt></ruby>。<ruby>顖<rt>はち</rt></ruby> 頭の。<ruby>腫病<rt>はれやまひ</rt></ruby>。<ruby>鼻頭<rt>はらくだる</rt></ruby>。<ruby>腹瀉<rt>はなしる</rt></ruby>。<ruby>涕洟<rt>はなぢ</rt></ruby>。<ruby>衂血<rt>はらわたのふにく</rt></ruby>。腸腑 肉 。

　仁・にの部

　「蝦夷語集」元　29ウ（報告書3、32頁）

　『節用集』　110頁

　「蝦夷語集」　6語の内

イ．連係　2語
　面皰。肉。
　　にきび

ロ．非連係　4語
　捲手。乳嵩。二腕。妊娠。
　にぎりこぶし　チチノヤマヒ

保・ほの部

「蝦夷語集」元　33ウ〜34オ（報告書3、36頁）

『節用集』　117頁

「蝦夷語集」元　10語の内

イ．連係　6語
　頰。細眉。黒痣。臍。骨。胞衣。
　ほう　ほくろ　ほう　え
　　　　　　　　　　　エナ

ロ．非連係　4語
　陰戸。肚。接骨。項。
　　　ほがみ　ほねづき　ほんのくぼ

辺・への部

「蝦夷語集」元　38ウ〜39オ（報告書3、41頁）

『節用集』　125〜126頁

「蝦夷語集」　8語の内

イ．連係　6語
　癧疽。男根。屁。臍。隋帯（節用集―臍帯）。無名指（節用集―無名指）。
　へうそ　へのこ　へそ　へそのを　へそのおび　べにさしゆび　べにつけゆび

ロ．非連係　2語
　遍身。嘔吐。
　へんしん　へとつく

都・との部

「蝦夷語集」元　48ウ（報告書3、46頁）

『節用集』　支体門ナシ

「蝦夷語集」　2語の内

イ．連係　該当ナシ

ロ．非連係　2語
　瞳子 人見。瞀。
　どうし　　どもり

知・ちの部

「蝦夷語集」元　52オ〜52ウ（報告書3、54〜55頁）

『節用集』　144頁

「蝦夷語集」　12語の内

イ．連係　10語

乳房。乳汁。腸満。中暑 中風。痔。重病。力。趭跛。吐血。持病。

ロ．非連係　2語

乳。血。

利・りの部

「蝦夷語集」元　57ウ（報告書3、62頁）

『節用集』　152頁

「蝦夷語集」　2語の内

イ．連係　2語

淋病。痢病

奴・ぬの部、留・るの部

「蝦夷語集」、『節用集』　支体門ナシ

遠・おの部

「蝦夷語集」元　67オ〜67ウ（報告書3、69〜70頁）

『節用集』　163頁

「蝦夷語集」　9語の内

イ．連係　7語

頤　頷。栂。瘡瘂。面。癲。悪寒。牙関 奥歯。

ロ．非連係　2語

客忤。溺死 川沼― 海ナトニテ。

和・わの部

「蝦夷語集」元　76ウ（報告書3、79頁）

『節用集』　174頁

「蝦夷語集」　3語の内

イ．連係　該当ナシ

ロ．非連係　3語

脇腹。腋下 胳。脇腹骨。

加・かの部

「蝦夷語集」元　83ウ〜84ウ（報告書3、86頁〜87頁）

『節用集』　184〜185頁

「蝦夷語集」　23語の内

イ．連係　18語

髪（かみのね）。髪。頭。首。顔。肩。髑（かたさき）。骸尸（かばね）。腕（かひな）。髑骭（かたのほね）。髑（かたつんば）。（からえづき）。　饐（がいき）。咳気（スハブキ）。脚気。瘡。骶。冒風（バウフウ）。
癩病（かったい）。

ロ．非連係　5語
　形状。脣（かみさき）（セウ）。髪毛。顔色。跟（きびす）（かがと）。

与・よの部

「蝦夷語集」亨　4オ（報告書3、105頁）

『節用集』　202頁

「蝦夷語集」　5語の内

イ．連係　3語
　涎唾（よだれつば）。夜尿（よばり）。癪（よう）。

ロ．非連係　2語
　蘇生（よみがへる）甦。容顔（ようがん）。

多・たの部

「蝦夷語集」亨　9ウ〜10オ（報告書3、111頁）

『節用集』　207頁

「蝦夷語集」　10語の内

イ．連係　7語
　魂。長身の（たけ）。大便。痰。胎内。脱肛。体。

ロ．非連係　3語
　掌（たなごころ）。中指（たか〜ゆび）。大腸。

連・れの部

「蝦夷語集」、『節用集』支体門ナシ

曽・その部

「蝦夷語集」亨　24オ（報告集3、125頁）

『節用集』支体門ナシ

「蝦夷語集」　4語の内

イ．連係　該当ナシ

ロ．非連係　4語
　飼面（そばかす）。内障（そこひ）眼病。乱（そりはな）。齵歯。

津・つの部

「蝦夷語集」亨　30ウ〜31オ（報告書3、132頁）

『節用集』 225頁

「蝦夷語集」 13語の内

イ．連係　10語
　　爪<ruby>爪<rt>つび</rt></ruby>。玉門<ruby>玉門<rt>ぎちやう</rt></ruby>。頭頂。頭痛。頭熱<ruby>頭熱<rt>づねっ</rt></ruby>（節用集―頭熬）。首<ruby>首<rt>づねっ</rt></ruby>。唾<ruby>唾<rt>つぶり</rt></ruby>。節<ruby>節<rt>つばき</rt></ruby> 骨<ruby>骨の<rt>つがひ</rt></ruby>の。聾 耳聵<ruby>耳聵<rt>つら</rt></ruby>。頰。

ロ．非連係　3語
　　頭瘡<ruby>頭瘡<rt>つかへ</rt></ruby>。痞。爪 牛 馬 鹿。

祢・ねの部

「蝦夷語集」亨　39ウ（報告書3、141頁）

『節用集』 232頁

「蝦夷語集」 2語の内

イ．連係　2語
　　癧<ruby>癧<rt>ねぶと</rt></ruby>。盗汗<ruby>盗汗<rt>ねあせ</rt></ruby>。

ロ．非連係　該当ナシ

奈・なの部

「蝦夷語集」亨　45オ（報告書3、146頁）

『節用集』 236頁

「蝦夷語集」 6語の内

イ．連係　4語
　　癜風<ruby>癜風<rt>なまづ</rt></ruby> 癜瘍。涙 泪。白痢<ruby>白痢<rt>なり</rt></ruby>。脳<ruby>脳<rt>なつき</rt></ruby> 頭―也。

ロ．非連係　2語
　　癩病<ruby>癩病<rt>なり</rt></ruby>。中指。

良・らの部

「蝦夷語集」亨　53オ（報告書3、154〜155頁）

『節用集』 241頁

「蝦夷語集」 4語の内

イ．連係　1語
　　癩病。

ロ．非連係　3語
　　乱心。老耄。老衰。

武・むの部

「蝦夷語集」亨　57ウ〜58オ（報告書3、159頁）

『節用集』 244頁

「蝦夷語集」　6語の内

イ．連係　4語
　　胸。心_{むなさき}前。鳩_{むなぼね}尾骨。板_{むかば}歯。

ロ．非連係　2語
　　胕_{むかふすね}骨。胸肉。

宇・うの部

「蝦夷語集」亨　63ウ（報告書3、165頁）

『節用集』　249頁

「蝦夷語集」　9語の内

イ．連係　7語
　　後_{うしろ}。背_{うしろ}。腿_{うちもも}。齲_{うはは}歯。膿_{うむ}。内_{うちくるぶし}踝。腕_{うで}_{かいな}。

ロ．非連係　2語
　　上_{うはまぶた}瞼。項_{うなじ}。

乃・のの部

「蝦夷語集」亨　71ウ（報告書3、173頁）

『節用集』　257頁

「蝦夷語集」　2語の内

イ．連係　2語
　　咽 _{のどぶえ}喰。吭。

ロ．非連係　該当ナシ

久・くの部

「蝦夷語集」亨　76ウ〜77オ（報告書3、178頁）

『節用集』　261頁

「蝦夷語集」　12語の内

イ．連係　12語
　　踵_{くびす}。月水（節用集―月水 _{女の}）。晴_{ぐりのすい} 眼_{くろたま}の（節用集―晴）。潟_{くろまなこ}腹。口_{くだり}。唇_{くちびる}（節用集―脣）。頸_{くび}。癬_{くせ}。黒髪。
　　瘁_{くさ}。尿 _{くそ}糞。脚_{くるぶし}喋（節用集―喋）。

ロ．非連係　該当ナシ

也・やの部

「蝦夷語集」『節用集』　支体門ナシ

末・まの部

「蝦夷語集」利　10ウ（報告書4、12頁）

『節用集』　277頁〜278頁

「蝦夷語集」　10語の内

イ．連係　6語
　　眼。睒（まなしり）外眥（まばり）。眶（まぶた）睦。睫（まつげ）。眉毛（まゆげ）。内眥（まばしら）。

ロ．非連係　4語
　　眼精（まなこだま）。真額（まっかう）。眉間（まゆのあひ）。股（また）。

計・けの部

「蝦夷語集」利　19オ〜19ウ（報告書4、20〜21頁）

『節語集』　281頁

「蝦夷語集」　8語の内

イ．連係　5語
　　血胍（けつみやく）。毛孔（あな）。下血（げけつ）。下疳（げかん）。経水（けいすい）。

ロ．非連係　3語
　　毛。血塊（けつくわい）。健忘（けんばう）。

不・ふの部

「蝦夷語集」利　26オ〜26ウ（報告書4、27〜28頁）

『節用集』　287〜288頁

「蝦夷語集」　15語の内

イ．連係　9語
　　腹中。肮（ふえ）吭（かう）。懐（ふところ）。節　骨の。風邪。陰囊（ふぐり）。腑　臟—。籔　眼（ふくるる）　肉の—（節用集　身内の—）。仏衣　胞衣（節用集—胞衣を云）。

ロ．非連係　6語
　　半陰陽（ふたなり）。雲脂（ふけ）頭垢。仏頂面（ふってうづら）　腹潟（ふくしゃ）腹痛。風俗。文身（ぶんしん）。

巳（己）・この部

「蝦夷語集」利　38オ〜38ウ（報告書4、39〜40頁）

『節用集』　296頁

「蝦夷語集」　20語の内

イ．連係　15語
　　骨髄（こつずい）。骨幹（こつがら）（節用集—骨柄）。腰。瘻（こぶ）。魂魄（こめかみ）タマシイ。蚲谷（こしほね）米噛。骼（こしぬけ）。躄（こせかさ）腰脱。癬（こぶし）ヒゼン。拳（こゆび）。季指（こぶら）。髆（こゆる）胱（ことどもり）。喉痺（こうひ）。肥（こえる）（節用集—肥）。吃。

ロ．非連係　5語

肛門。骨痛。心。小脂。転筋。^{こぶらかへり}

江・えの部

「蝦夷語集」利　50ウ（報告書４、52頁）

『節用集』　306頁

「蝦夷語集」　２語の内

イ．連係　２語
　靨_{えくぼ}。胞衣_{えな}。

ロ．非連係　該当ナシ

天・ての部

「蝦夷語集」貞　56オ（報告書４、57頁）

『節用集』　310頁

「蝦夷語集」　６語の内

イ．連係　４語
　手_{てのひら}。掌_{てんかん}。癲癇。手心明_{てのうら}

ロ．非連係　２語
　手文_{てのずち}。手筋。

安・あの部

「蝦夷語集」貞　３オ〜３ウ（報告書４、68〜69頁）

『節用集』　316頁

「蝦夷語集」　18語の内

イ．連係　11語
　天窓_{あたま} 頂_{あぎと}。腮_{あばら}。肋_{あかはだ}。裸_{あせ}。汗_{あか}。垢_{あざ}。黶_{あばらほね}。足_{あし}。脚_{あしなへ}。蹇_{あかがり}。胼。

ロ．非連係　７語
　頂門_{あたまのさら}。赤禿_{あかはげ}。天窓瘡_{あたまがさ}。赤癜_{あかあざ}。足甲_{あしのこう}。足裏。欠_{あくび}。

左・さの部

「蝦夷語集」貞　16ウ（報告書４、82頁）

『節用集』　支体門ナシ

「蝦夷語集」　２語の内

イ．連係　該当ナシ

ロ．非連係　２語
　月代_{さかやき}。鎖陰_{サイイン}。

幾・きの部

「蝦夷語集」貞　29オ〜29ウ（報告書4、94〜95頁）

『節用集』　336〜337頁

「蝦夷語集」　15語の内

イ．連係　12語
　　筋骨。跟（きびす）。急病。鳩尾（きうび）。気力。気色。肝（きも）。膽（きも）。牙（きば）。疵。睾丸（きんたま）。金瘡。

ロ．非連係　3語
　　気。気鬱。灸事。

由・ゆの部

「蝦夷語集」貞　39オ（報告書4、104頁）

『節用集』　345頁

「蝦夷語集」　6語の内

イ．連係　6語
　　指（ゆびのまた）。扐（ゆんで）。弓手（ゆ）。腧（キウショ）。灸穴（節用集―灸所）。　尿（ゆばり）　小便。膀胱（ゆばりぶくろ）

ロ．非連係　該当ナシ

女・めの部

「蝦夷語集」貞　44オ（報告書4、109〜110頁）

『節用集』　348〜349頁

「蝦夷語集」　11語の内

イ．連係　5語
　　面躰（めやに）。目尿（めて）。右手。眩暈（めまひ）。瞬（めばたき）。

ロ．非連係　6語
　　眼目（めのたま）。晴。眹（めづかひ）目弾。眼頭。目尻。眼玉。

美・みの部

「蝦夷語集」貞　50ウ（報告書4、116頁）

『節用集』　352頁

「蝦夷語集」　11語の内

イ．連係　8語
　　眉目（みめ）。眉間（みけん）。耳。瘻（みみだれ）。鳩尾（みづをち）（キウビ）。脈（みやく）。身躬。垂珠（みみたぶ）。

ロ．非連係　3語
　　耵（みみのあか）。清涕（みつばな）。身丈（たけ）。

之・しの部

「蝦夷語集」貞　59ウ〜60オ（報告書4、125頁）

『節用集』　361〜362頁

「蝦夷語集」　21語の内

イ．連係　19語

　　舌。嗽。腫物。尻。肉。髑髏。屍。傷寒。白禿。寒瘡。心気。皺。湿病の。腎虚。痿癖（節用集—痺）。鬢白髪。癪（節用集—積）。臕。腎。

ロ．非連係　2語

　　死骸。潟。

比・ひの部

「蝦夷語集」貞　74ウ〜75ウ（報告書4、140〜141頁）

『節用集』　379頁

「蝦夷語集」　18語の内

イ．連係　15語

　　髭。鬢。皮肉。皮膚。額。食指。膝。肘臂。人魂。臍。皮癬。肥満。膝蓋。隠曲。悶結。

ロ．非連係　3語

　　瞳子。左手。瘃。

毛・もの部

「蝦夷語集」貞　83オ（報告書4、148頁）

『節用集』　386頁

「蝦夷語集」　2語の内

イ．連係　2語

　　疱瘡。股。

ロ．非連係　該当ナシ

世・せの部

「蝦夷語集」貞　90ウ〜91オ（報告書4、156頁）

『節用集』　390頁

「蝦夷語集」　10語の内

イ．連係　8語

　　喘息。石林。絶骨。疝気。咳。背。脊。痀瘻。

ロ．非連係　2語

　　背腸。咳嗽。

寸・すの部

「蝦夷語集」貞　97オ〜97ウ（報告書4、162〜163頁）

『節用集』　395頁

「蝦夷語集」　6語の内

イ．連係　5語

　　姿 形。跣。筋。咳嗽。水腫。

ロ．非連係　1語

　　素肌。

3. 「蝦夷語集」の日本語と『節用集』との間の連係性を探る調査から判明したこと

(1). 連係率

　　天地・乾坤門377語の内、連係の語225語、非連係は152語。連係率は約60％。

　　支体門376語の内、連係は264語、非連係は112語で連係率は約70％。

　　以上の結果が得られた。内訳は、〔付表1〕天地・乾坤、ならびに〔付表2〕支体。

(2). あて字とふりがな

　　雷。牽牛。曲江。直溢。白雨。缺唇。牙関。転筋。天窓。鳩尾。などのように、あて字にはふりがながついている。

　　秦風 西風なり。飀 大風。のように略注付きにより、「にしかぜ」、「おほかぜ」とわかる字もある。しかし、ふりがなも注もないあて字には注意しなければならない。嶼は「ひらしま」、手洗水は「てうづみづ」、月水は「ぐりのすい」とわかるのは『節用集』による。

(3). 非連係の語

　　非連係は『節用集』には収載されていないが、「蝦夷語集」には欠かせない語である。天地の「加・か」の部の非連係に注目すると、川に関係する語が多いことに気づく。「蝦夷語集」の日本語見出しを設定するに当って、『節用集』を参考にしながらも、「蝦夷語集」の目的に叶う必要な語を洩らさないように留意したであろう上原熊次郎の心が伝わってくる。

(4). 加筆補正の例

　　「穏家　居所へ入」、「壁　居所へ入」（いずれも「蝦夷語集」元、81ウ／「報告書」3、84頁）は、天地門から居所門への移動を指示した加筆である。『節用集』天地門に「穏家」、「壁」があるのをとり入れた後に、居所門へ移すべきと判断したのであろう。この例を通しても、「蝦夷語集」の日本語と『節用集』との関係が深いことがわかる。

【謝辞】

　本稿を作成するに当り、佐々木利和先生、佐藤知己先生、谷本晃久先生、高橋大希氏、成田修一先生、「蝦夷語集」の索引づくりを支えた方々、北海道大学附属図書館にお世話になりました。深く感謝申し上げます。

注

①あて字　漢字表記の一種。広義には日本語に漢字を対応させること。またその漢字の意であるが、一般には、そのような語と漢字との対応に意味上、何らかの相応しない関係が認められる場合をいう。二音節以上の日本語を漢字二字以上で書く際に、たとえ、社会的慣用が久しいものでも、言語と文字との間に不均衡あるいは異常な関係が認められる場合である。漢字の正字法（音訓にわたる）にもとるもの、仮借、音訳のほか、日本的用法に従ったものをさす。国語学会編『国語学辞典』（東京堂　1955年初版）13頁を要約。

②『節用集』　15世紀中頃に成立した国語辞書。内容が簡明で用法上便利なため、室町時代から江戸時代を経、明治時代初期に至るまで広く使われた。中世末から近世初期にかけての節用集は写本として伝えられたものが多く、古本節用集と呼んで近世刊行のものとは区別する。近世には版本として、多種の節用集が出廻った。

③北海道大学アイヌ・先住民研究センター古文書プロジェクト報告書3『国立公文書館内閣文庫所蔵　昌平坂学問所旧蔵「蝦夷語集」元・亨　影印・翻刻』（同センター、2017年）、同報告書4『国立公文書館内閣文庫所蔵　昌平坂学問所旧蔵「蝦夷語集」利・貞　影印・翻刻』（同センター、2018年）。

【編集部注】「蝦夷語集」は、蝦夷通詞・上原熊次郎が著したイロハ語韻順の日本語・アイヌ語辞書で、集録項目語彙数は約9800。成立は文政10年（1827）頃。北海道大学アイヌ・先住民研究センターから、影印・翻刻ならびに索引が刊行されている（同センター「古文書プロジェクト報告書」3～6、2017～2019年）。

著者付記

　本稿の一部調査対象語彙であるⅠ．天地・乾坤門　伊・いの部、加・かの部と、Ⅱ．支体門　伊・いの部、ならびに「蝦夷語集」の日本語と『節用集』との間の連係性を探る調査から判明したことについては、北海道大学アイヌ・先住民研究センター古文書プロジェクト報告書5『国立公文書館内閣文庫所蔵　昌平坂学問所旧蔵「蝦夷語集」索引　アイヌ語―日本語編』（同センター、2019年）ⅹ～ⅻに紹介した。

（なかむら・かずえ）

【付表１】天地・乾坤門

部	い	ろ	は	に	ほ	へ	と	ち	り	ぬ	る	お	わ	か	よ	た	れ	そ	つ	ね	な	ら
連係	18	2	8	5	8	1	2	5	4	1	／	7	1	7	0	9	1	5	5	1	4	1
非連係	10	0	9	1	2	3	1	4	1	1	／	9	3	31	3	4	2	1	5	0	4	3
計	28	2	17	6	10	4	3	9	5	2	／	16	4	38	3	13	3	6	10	1	8	4

部	む	う	の	く	や	ま	け	ふ	こ	え	て	あ	さ	き	ゆ	め	み	し	ひ	も	せ	す	総計
連係	5	9	4	5	4	3	4	5	13	3	5	11	11	5	4	2	11	11	4	1	5	5	225
非連係	4	3	2	2	6	0	3	2	3	2	2	4	3	6	2	0	2	3	3	1	2	0	152
計	9	12	6	7	10	3	7	7	16	5	7	15	14	11	6	2	13	14	7	2	7	5	377

【付表２】支体門

部	い	ろ	は	に	ほ	へ	と	ち	り	ぬ	る	お	わ	か	よ	た	れ	そ	つ	ね	な	ら
連係	16	0	13	2	6	6	0	10	2	／	／	7	0	18	3	7	／	0	10	2	4	1
非連係	9	1	9	4	4	2	2	2	0	／	／	2	3	5	2	3	／	4	3	0	2	3
計	25	1	22	6	10	8	2	12	2	／	／	9	3	23	5	10	／	4	13	2	6	4

部	む	う	の	く	や	ま	け	ふ	こ	え	て	あ	さ	き	ゆ	め	み	し	ひ	も	せ	す	総数
連係	4	7	2	12	／	6	5	9	15	2	4	11	0	12	6	5	8	19	15	2	8	5	264
非連係	2	2	0	0	／	4	3	6	5	0	2	7	2	3	0	6	3	2	3	0	2	1	112
計	6	9	2	12	／	10	8	15	20	2	6	18	2	15	6	11	11	21	18	2	10	6	376

【編集部付記】

　中村一枝氏は、2019年12月に逝去されました。本稿は御生前に投稿をいただいていましたが、校正刷をご覧いただくことが叶わず、編集部で校正を行い、ここに掲載させていただきました。校正にあたっては、極力お原稿に添うことを心掛けました。掲載をお許しいただいたご遺族に感謝申し上げるとともに、改めまして著者の安らかなお眠りを心よりお祈り申しあげる次第です。

　なお、本稿中、史料引用部分に、現在の観点からすると差別的と受け止められる語彙が含まれていますが、歴史的語彙の分析・検討という本稿の性質上、あえて原文のままとしています。

【研究ノート】

シコタン島アイヌの移住
―日露の狭間と津波被災と―

長澤　政之

はじめに

　シコタン島は、場所請負制の下ではネモロ場所に属していた。現在、この島は北方領土の１島と
して知られている。かつて筆者はネモロ場所アイヌの狩猟活動について、ネモロ場所アイヌの狩猟
活動のなかでシコタン島アイヌは歯舞諸島でのアザラシ猟や狐猟において一定の狩猟権を有してい
たが、これらの狩猟権はネモロ場所惣乙名にネモロ会所が命じて向かわせる「会所猟」の形に変化
する歴史的な経過をたどることを論じた[1]。この歴史的な経過を追う中で、シコタン島アイヌの狩
猟の変容には、二度にわたるシコタン島アイヌの移住が関係していることがわかった。本稿はこの
シコタン島アイヌの移住に焦点を当て、叙述しようとするものである。

　二度のシコタン島アイヌの移住とは、文化５年（1808）のハナサキ（現根室市花咲港）への移住
と天保14年（1843）のホニヲイ（現根室市穂香）への再移住である。これらシコタン島アイヌの移
住のうち、天保14年（1843）根室沖地震津波被害によるホニヲイへの移住は、天保14年根室沖地震
の津波高分布の研究にも活用されている[2]。本稿は、天保14年（1843）根室沖地震津波被害による
ホニヲイへの再移住について記した未発表の史料を紹介し先行研究を補いつつ、日露の狭間と「津
波」という自然災害により移住を強いられたシコタン島アイヌの足跡を知る一助としたい。

１．シコタン島アイヌとハナサキへの初発の移住

　いわゆる近代以前のシコタン島アイヌの相貌を明らかにする資料は、極めて乏しい。断片的な資
料をつなぎ合わせて、その面影に迫ることから稿を起こしたい。

　安政３年（1856）の『根室旧貫誌』には以下のような記述がある。

　一シコタン嶋之儀子モロ御詰所元より渡海凡弐拾五里程、子モロ地方ノツシヤフ出崎は渡口にて、
　　右処より丑寅の方に当り、所々嶋に有之シコタン嶋迄続に御座候、嶋は丑寅流れ、周廻凡拾
　　六里程、風土は極寒三月上旬頃迄、澗内氷海有之、四月頃より七月頃迄モヤ霧深く日を見る
　　事稀して、常にきり雨降土地に御座候嶋中に、有名の高山は無之候得共、山続にて蝦夷松多、
　　椴おんこ雑木等茂有之候、大湊弐ヶ所有之、エトロフ往復の弁才船、風に寄澗掛り仕候、先
　　年蝦夷人住居いたし候処、①エトロフ争動之翌年とか承り、南海の地方ハナサキと御申処へ
　　御引移に相成、夫より開嶋に相成、②御料御手捌之節、漁場御切開有之候得共、其後無程御
　　止めに相成候よし、其後材木屋七郎右衛門高田屋金兵衛請負人之節も漁業仕候得共、前同様

相止め、尚又先年柏屋喜兵衛御請負中も夫々手配仕候得共、前同様相止め、尚又先年柏屋喜
兵衛御請負中も夫々手配仕候得共、前同様荷物出不足に付相止め申候、又々五ヶ年以前出稼
差向鯡鰯鱈鱒漁等之手配試候得共、是又出不足遠路出稼漁致し利得も無之候に付、止め置申候、
③且右ハナサキ夷人之儀は、シコタン嶋先祖之墓有之難捨置候間、秋果（味ノ誤リカ）漁後カ
モエのみに相赴申度旨申出、年々九月下旬蝦夷船壱艘役土人共乗組渡海、時節後れの事故嶋
に越年仕、冬中山に入蝦夷人シトンベと名附斑狐を狩海に出氷豹（水豹ノ誤リカ）を猟し、翌
年三月中旬頃氷海解次第帰村、右取獲候産物会所差出来り候処、④秋中渡海之節度々あら風
逢難船仕候間、弐拾五六年以前松前より御差留めに相成候、其後は近処嶋々江蝦夷船壱艘つゝ
相越年々狐猟いたし其年之内に帰村仕来候[3]（下線及び丸付き数字は筆者）

　この史料から、シコタン島のアイヌ民族についてわかることをまとめると、おおよそ以下のとお
りである。

　①文化4年(1807)文化露寇の翌年に、根室半島ハナサキ（現根室市花咲港）へ移住させられたこと。
居住者のいない「開島」となっていたことがわかる。

　このシコタン島アイヌのハナサキ移住については、このほかにも『協和私役』安政4年8月19日
条に「根諸の東廿五里にシコタン島あり。周匝十八里。其間小島多し。皆小なり。シコタン島黒狐
多しと聞く。是を問ふに信然なり。詰合同心某先日中渡海せしに、日数二十日を経て帰ると云。黒
狐は眞の黒色に非ず、黄赤色にして黒色を帯ぶる者なり。又斑狐多し。黄赤色に黒き斑文ある者な
り。此島昔は夷家七十餘戸住せしなれども、其節は漁事十分にして七十家食に足らざるなし。**文化
卯年ヱトロフにて俄羅斯騒動の事あり。夫より官禁して此島に住するを許さず。移して根モロのハ
ナサキと云所に至らしむ。**ハナサキ水害あり。又移してホニヲイと云所に居らしむ[4]」とあって、
文化露寇後シコタン島住民のハナサキへの移住が、アイヌ民族とロシア人の接触を避けるため政策
的に実施されたことがわかる。また、『協和私役』には、「ハナサキ水害あり。又移してホニヲイと
云所に居らしむ」と、ハナサキに移住したシコタン島アイヌが、ハナサキ（現根室市花咲港）の水

【図】クン子チロノップ（黒狐）図（秦檍丸『蝦夷島奇観』より）
東京国立博物館所蔵　Image:TNM Image Archives.

害によりホニヲイ（現根室市穂香）へ再移住したことについて触れるが、「ホニヲイ再移住」についての検討は、次章に譲りたい。

　②シコタン島アイヌの移住後、寛政11年（1799）～文化10年（1813）の直捌制下では幕府が、東蝦夷地で場所請負制が復活する文化10年（1813）以降もそれぞれの子モロ場所を請け負った場所請負人が「漁場御切開」を試み出稼漁を試みたが、生産量の不足（「荷物出不足」）で離島による経費と引き合わず利益が上がらないことから、いずれも中止され「漁場御切開」の試みは途絶していたことがわかる。

　③旧シコタン島民であるハナサキアイヌは、先祖の墓もあることから秋味漁後カムイノミを理由に九月下旬に蝦夷船一艘に乗り組んでの渡海を申し出（「秋中渡海」）、冬期間はシトンベ（斑狐）やアザラシ猟をしながらシコタン島で越年、翌３月中旬にハナサキへ帰村を繰り返し、狩猟によって得た狐皮やアザラシ皮は会所に提出し交易していたが、ハナサキアイヌの「秋中渡海」は、度重なる遭難により天保初年頃から松前藩の命により中止となったことがわかる。

　前出の『協和私役』の記事や『蝦夷島奇観』の「クン子チロノップ図【図】」に、「シコタン島に産する狐なり、毛色漆黒なり[5]」とあるように、シコタン島は「黒狐（クンネチロンヌプ）」や「斑狐（シトンペ）」を産する島として知られていたことがわかる。当時の子モロ場所の狐猟については、万延元年（1860）の「両代官御請書」によれば、「右猟之儀者是迠庄屋陣平持メナシ土人与組合、十月中旬頃冬枯足場宜キ時節見斗犬狩猟ニ近所嶋々渡海猟事仕来候処、両三年以前より帰之節荒風時化逢難舩仕、別而昨年逆風吹續滞留中沖合流れ氷見得、海岸氷張舩差向方茂無之心配仕、薄之所漸々押破、サンコタン江着一同助命仕十二月晦日夜帰着恐怖仕候哉、右猟好ミ不申御免願出候、且天保年中嶋行土人共為氷海相果候儀も有之、其後一旦ハ止メニ相成候へ共、色々利解申聞、又々出候様ニ相成候、然所前文之次第押而申付候而者土人共気受ニ茂相拘り候間、先其侭差置候儀ニ而、右故當時ハ狐猟無御座候[6]」とあって、万延元年頃の状況としては子モロ場所惣乙名チンヘイ（庄屋陳平）が子モロ場所のアイヌを組織して行う狩猟で、十月中旬の冬枯れで足場が良い時期に「犬狩猟」でシコタン島より子モロに近い「近所嶋々」、歯舞諸島で行われるようになっていたこと。安政末年頃から時化に遭ったり、滞在中の島で沖合に流氷が見え、薄氷を破りながらサンコタンに帰り着き命拾いしたようなことや、天保年中には実際に遭難、島々で狩猟していたアイヌ民族が遺体で見つかる事件も起こっており、近所の島々（歯舞諸島）で行う狐猟は、しばしばアイヌ民族の「気受」にもかかわり、中断を余儀なくされていたようだ。この旧シコタン島民であるハナサキアイヌがかかわる子モロ場所の「狐猟」の歴史的な変遷については、筆者が別稿を起こしているので参照願いたい[7]。

　松浦武四郎は安政５年（1858）にネモロを訪れた折に、シコタン島について「島は廻り凡三十五六里も有て樹木陰森、谷地多くして船澗よろしと。此処近年まで番屋有て土人も住せしが今其土人ハナサキに引取り、今は何もなし。開くは難く、廃するは易きが、この南海中一大巨島外異（夷）どもの足留まりともなり、蝦夷地一ツの枢要の地なりけるに、其地を今無人の島となす事、是子モロ請負人柏屋喜兵衛一ツの心より出り。[8]」と記し、シコタン島を無人の島としたことについて場所請負人柏屋藤野喜兵衛の一存と場所請負制の弊害を糾弾する。しかし、遠方の離島であるために場所経

営の難しさを嫌った場所請負人側の事情に加えて、文化露寇以後のロシアの接近に対する防備の困
難さも移住を推進する要素となったと考えられる。

２．ハナサキ津波災害に伴うホニヲイへの再移住

ここでは、先に取り上げた『協和私役』にみられる「ハナサキ水害あり。又移してホニヲイと云
所に居らしむ」の経緯について分析を加える。ハナサキのアイヌが「住所離散」したのではないか
という風説が松前城下で流れ、それに対しネモロ場所詰合に子モロ場所支配人代が嘉永元年(1848)
９月７日に御答書を出している。

乍恐以書付御答奉申上候
此度ハナサキ蝦夷人混雑ヶ間敷儀有之、住所離散等いたし候哉ニ御城下表ニおゐて専ら風説御座
候ニ付、弥以右様之儀有之候而ハ、一ト通不相成儀ニ候間、取調可申立旨被　仰付奉恐入候、依之
當所ニ居合候當人働方之もの共迄、若風聞ニ而も承り候義無之哉厳重相尋候得共、一切承知候者無
御座候、尚又當所者場廣之儀ニ御座候故、メナシ領之内ニ而、万一混雑等之儀も可有之哉ト奉存候間、
ニシベツ表ニ罷出候支配人百三郎方へ飛脚差立、篤ト様子為相尋、其上ハナサキ役夷人等も同所ニ
居合候故、是又同様相尋候得共、聊以右様之風説ハ勿論住所離散等決而無御座候趣、飛脚之もの昨
夜中被帰申遣候間、其段奉申上候処當所者惣乙名并役夷人等有之候事故、右蝦夷人江も相尋事実可
申立旨、再應被仰聞候ニ付呼出、篤ト様子相尋候得共、同様一切無之義ニ御座候趣、<u>且ハナサキ之</u>
<u>儀者先年津浪ニ而夷家流失後、蝦夷人住居引拂當地ホニヲイ与申所ニ越年住居仕候間、當春中ノッ</u>
<u>ケ江漁業ニ相廻候得共、春漁無之夫より例年通人数半分ハナサキへ相廻夏漁仕候、一体同所ハ是迄</u>
<u>聊之漁事御座候処、當年者相應之漁事有之候故、悉替同所而已ニ而荷物取上高相成候義ハ、御見聞</u>
<u>之通ニ御座候、右ニ付是迄七月中旬頃同所引拂、秋味漁業手配としてメナシ領之場之（処ノ誤リカ）</u>
<u>江相廻可申処、右漁事ニ而既ニ當年之義ハ壱ヶ月程相後れ引拂候得共、離散等之義決而無御座候義</u>
<u>奉存候</u>、随而前段申上候通り場廣之事故、外出張所ニおゐて右様之義有之哉与存、篤ト為相尋候得
共前申上候通り聊混雑ヶ間敷義毛頭無御座候、此段御尋ニ付、乍恐以書付御答申上候以上
申ノ九月七日　　　ニシベツ
御献上塩鮭製造方ニ而支配人百三郎留主中ニ付
代丹蔵印
御詰合様[9]

ここで注目したいのは傍線部である。傍線部を要約すると以下の通りである。「ハナサキ（現根
室市花咲港）は先年の津波でアイヌの家が流出後、家を引き払いホニヲイ（現根室市穂香）で越年住
居させたので、この春中はノッケ（野付半島）の漁業に回しておりましたが、春漁がなく、例年の
通り半分をハナサキへ回して夏漁をさせておりました、ハナサキのあたり一帯はこれまで少しばか
りの漁はありましたが、今年は相応の漁業があったために、同所ハナサキのみに替えつくしての荷
物取揚高となったのは、ご見聞の通りです。この件についてはこれまで七月中旬にハナサキを引き

払い、秋味（鮭）漁業手配としてメナシ領の場所へ回すべき所ですが、右漁事（ハナサキでの夏漁）にて既に今年は一か月遅れ程遅れて引払いとなったため、離散等の儀では決してありません。」と弁明している。おそらくいつもはニシベツの秋味漁にいるはずのハナサキアイヌがいない、逃散したのではという噂が、松前城下に流れてネモロ場所の現地詰合に確認させたというのが、この史料が提出された経緯であろうと考える。

　この史料において、旧シコタン島民であるハナサキアイヌのホニヲイへの再移住の理由が「津浪」と明記されていることは注目に値する。『協和私役』の言う「ハナサキ水害」とは津波であったのである。それではこの津波はどのような災害であったのだろうか。クスリ場所厚岸国泰寺の寺務日誌『日鑑記』の天保14年（1843）3月26日条には「前代未聞之大地震津波左ニ、一、暁六ツ時地震、如例相心得、然処追々募て、依之拙内庭江飛出し、余者裏口より逃出ス。暫時之間戸障子倒散、鶏抔茂巣より落、些子静ニ相成、通辞帳役番両三人、見舞来ル。（中略）八幡社四五尺程も伊坐利、床落チ、門外石燈籠石仏等皆倒散、本堂前より庭所々四五寸地われ、一同感心致居候所へ、会所より番（人ノ欠カ）両三人奔走に而津浪之由申来る。（中略）向岸に番家夷家々一軒不残流出、仍て多分流死も有之由噂申居り候、四ツ頃迄に大浪両度、大地震五六度（以下略、括弧内全て長澤註）[10]」とある。これが御答書の出された嘉永元年（1848）から直近の津波を伴う地震の天保14年（1843）根室沖地震である。

　この天保14年（1843）根室沖地震について体験者の証言を明治期に記録したものに『根室一等測候所報告』がある。「「ホロモシリ」村土人」、天保二年生、山本小七ナルモノニ依リ、之ヲ質シニ、同人折節野付ニ居リ、凡ソ十才位ノトキ、春大地震アリ、天保十四年三月廿日（ママ）前代未聞ノ地震津波アリト、釧路国厚岸国泰寺ノ日記ニ見ユ、此地震ナラン、而モ暁四時頃ヨリ俄然雷鳴スルガ如キ響聲ヲ聞クヤ、暫クニシテ震動シ漸々激烈ヲ逞シ、地列ニ湧出シ、塒ノ鳥類揺イ落サレ、疎製ナル人家サヘ轟倒スルガ如ク、一足モ亦歩スルニ能ハザル程ナリシガ、稍ゝ沈静ニ趣ムカントスルヤ、津波里外ノ沖合ニ屹然、高山雪ヲ頂キシ者ノ如キ有様ニテ動揺シ、岸ニ向テ來ルアリト雖モ、数十町沖合ノ瀬戸ニ障ラレ、此所ニ至リ、波勢挫ケテニトナリ、大ハ目梨ニ趣キ、小ハ野付ニ至リシモ、幸ニ只ダ餘波増水ノミニテ、別ニ差シタル變遷を見ザリシト云ウフ（以下略）[11]」が既に知られている。この資料は都司嘉宣等による天保14年根室沖地震の津波高分布を分析した論考[12]において詳しく分析されているので、ここでは詳しくは述べないが、証言者として登場する「山本小七」についてネモロ場所の史料から探ってみたい。ネモロ場所の「万延弐年酉二月土人家数人別帳[13]」の「ホロモシリ住居」のアイヌのなかに「コシハ事　小七　酉三拾壱歳」とあり、「山本小七」はアイヌ名「コシハ」で万延2年（1861）に数え年で31歳であったとすると天保2年（1831）生まれとなり、『根室一等測候所報告』の記事と符合する。今回紹介したネモロ場所の御答書は、天保根室沖地震から5年後の記事であり、津波被災の事実のみならずホニヲイへ再移住後のシコタン島アイヌの漁場稼ぎの様子も垣間見ることができる史料であった。

おわりに

　本稿では、シコタン島アイヌの移住について、ネモロ場所の史料からその経緯を明らかにすることに努めた。

　初発の移住は文化露寇の翌年である文化5年(1808)のハナサキ(現根室市花咲港)への移住である。松浦武四郎は、これを場所請負制の弊害と厳しく糾弾するが、文化露寇後の所置であったことを考慮に入れれば、防備の困難性から政策的に移住させられた可能性がある。

　次の移住は、天保14年（1843）根室沖地震で移住先であったハナサキ（現根室市花咲港）が被災し、家屋（チセ）を失いホニヲイ（現根室市穂香）へ再移住した。この「天保根室沖地震」は、根室沖から十勝沖を震源とするプレート間地震でマグニチュード8.0の規模であったと考えられている[14]。本稿では、この地震津波について言及するネモロ場所請負人史料を報告した。おそらく、これまで論文等に紹介されていない初見の史料となると思われる。従前から知られている事実であるので、「天保根室沖地震」のハナサキ津波被災の事実を補強し、ホニヲイ再移住後の漁場稼ぎの様子を明らかにするものであった。

　シコタン島アイヌは、歯舞諸島での狐猟・アザラシ猟の狩猟権を持つ集団であった。これらの狩猟権は、ハナサキに移住し、ホニヲイに再移住することで、会所がネモロ場所惣乙名に命じて行う「会所猟」へと包摂されていく[15]。日露の関係、津波被災は、シコタン島アイヌの生活を大きく変えるインパクトを持って受け止められたに違いない。

注

1）拙稿「場所請負制下のアイヌの狩猟 ─子モロアイヌの狩猟の歴史的展開過程の分析を通じて」（東北学院大学大学院文学研究科『アジア文化史研究』第2号、2002年）。

2）都司嘉宣、橋本佳祐、堀江岳斗、佐々木崇之、松岡祐也、佐藤雅美、芳賀弥生、今村文彦「天保14年3月26日（1843─Ⅳ─25）根室沖地震の津波高分布」（東北大学災害科学国際研究所災害リスク研究部門津波工学研究室『津波工学研究報告』第31号、2014年、277～292ページ。
　なお、この論文では「近世の北海道（蝦夷地）の支配体制（277～278ページ）」についても叙述し、会所と運上屋の違いについて、アイヌとの交易機関であった「運上屋」に対し、宿泊・人馬継立の便宜を備えた公的な官署を兼ねたものを「会所」と説明し、あたかも「運上屋」発展形が「会所」であるかのような説明をしている。これについては明らかな誤解で、「会所」「運上屋」ともに蝦夷地各場所において行政及び経営の中心施設であるが、寛政11年（1799）上知され場所請負制が廃止、幕府による直捌制が実施された東蝦夷地で「運上屋」は「会所」と改称されたに過ぎず、西蝦夷地との間の呼称の違いに過ぎない。「近世のネモロ場所（278ページ）」のなかで「目梨」の領域についての記述にも誤解がある。近世の目梨は、いわゆる「メナシ七ヶ番屋」のある地域で、コイトイ（チャシコツ）番屋・シベツ番屋・イチャニ番屋・チウルイ番屋・クンネベツ番屋・ウエンベツ番屋の地域で、現在の目梨郡と標津郡を合わせた地域に相当する。「メナシ」の最大の集落はシベツ番屋（嘉永元年（1848）では31戸・126人）である。目梨に向かった津波高を比定する場所としてウエンベツ番屋（ヨロマフ）を取ることは理解できるが事実関係の誤りがあるので指摘しておきたい。

3）北海道大学附属図書館北方資料室蔵『根室旧貫誌』（渡辺茂編『根室市史〈史料編〉』425～434ページ）。

4）高倉新一郎編『日本庶民生活史料集成　第四巻　探検・紀行・地誌　北邊篇』三一書房、1969年、251ページ。

5）秦檍麿筆『蝦夷島奇観』雄峰社、1982年、172ページ。

6）北海道立文書館金子元保氏所蔵藤野家文書『両代官様御請書』（請求番号　F－2/2501）。

7）拙稿注1）論文。

8）松浦武四郎著　高倉新一郎校訂　秋葉実解読『戊午東西蝦夷山川地理取調日誌』上、1985年、590ページ。

9）北海道立文書館金子元保氏所蔵藤野家文書『丙弘化三年午正月吉日御用留』（請求番号　F－2/2499）。

10）新厚岸町史編集委員会編『新厚岸町史』資料編2（日鑑記下）、2009年、117～118ページ。ほかに熊崎農夫博「『日鑑記』の地震」（笠原稔・鏡味洋史・笹谷努・谷岡勇市郎編『北海道の地震と津波』北海道新聞社、2012年、60～62ページ）。

11）震災予防調査会編『大日本地震史料』上巻、丸善株式会社、1904年、605ページ。

12）前掲2）論文。

13）北海道立文書館金子元保氏所蔵藤野家文書『万延弐年酉二月土人家数人別帳』（請求番号　Ｆ－2/2506）。

14）地震調査研究推進本部地震調査委員会「千島海溝沿いの地震活動の長期評価（第三版）」2017年12月19日発表、
　　4ページ。

15）拙稿「場所請負制下、道東のアイヌ社会 ―ネモロ（根室）場所アイヌの生業活動の実態と変容を中心に―」（北
　　海道立北方民族博物館第24回特別展環北太平洋の文化Ⅳ　図録『千島列島に生きる　アイヌと日露・交流の記憶』
　　17〜20ページ）。

（ながわさ・まさゆき／小平町教育委員会社会教育課）

【研究ノート】

「北海道庁」の創設過程について
—名称・位置・初代長官をめぐって—

相庭　達也

はじめに

　明治19（1886）年1月26日、北海道庁が札幌に創設される。それは北海道の政策を大きく変えるものであった。移民政策では制限を強化する間接保護政策とし、競争原理に基づいた開拓政策を進める。さらに華族資本の導入を積極的に行っていく。それらは北海道が「内国植民地」と化し、列島内で急激に進む日本資本主義体制の中に組みこまれる結果となった[1]。一方で道内各地に「御料地」が設定され、北海道が皇室財産を支える地域となっていく。また、将来の全道での徴兵制導入を期し、「屯田兵条例」の発令の下、士族・平民屯田が数多く移住してくる。それら全ては北海道庁という強力で統一的な統治機構による政策であった。近代の北海道史にとどまらず、日本列島の近代史の中で、北海道庁の創設は大きな転換点であったといえる。

　しかしながら、その創設過程についての研究は必ずしも多いとはいえない。『新北海道史』では、「全国的な行政機構改革の一環として構想された」と評するだけである[2]。前田亮介は伊藤博文の意図として「新統治機構である内閣の統制を強化」する一環であった[3]と分析しているがその具体的考察はなされていない。また、北海道庁の創設過程について最も詳細に検討している永井秀夫も「三県一局の分裂・行政機構の二元性に対する治療」、「薩閥の勢力に対する牽制」が必要であったため、「統一的植民地行政強権の確立」が北海道庁の創設であったとし[4]、並行して進められる内閣制度成立過程での「派閥的争い」による薩摩閥の排除を指摘しつつ、土佐出身の岩村が初代道庁長官に就任したと述べるに留まっている[5]。

　本稿は、それらの分析の一助として、開拓使廃止以降、北海道の政策に対して提出された様々な意見書から、何故北海道政策の拠点が「北海道庁」という呼称となり、それが札幌に設置された事由、加えて土佐出身であった岩村通俊が初代長官に就任した意味について、その経緯を復元しながら考察を行いたい。

第1章　北海道庁創設までの様々な意見書
第1節　東久世と岩倉の意見書

　明治14（1881）年のいわゆる開拓使官有物払い下げ事件に対する処理をめぐって議論が展開する中、かつて開拓長官を務めた東久世通禧が、同年9月20日付で岩倉へ書簡を送っている。それには「開拓使一件ハ逐日新聞紙喋々申述候而已ナラス処々演説實以不可言事ニ而新聞条例集会条例現今律モ不被行政府威権無之形勢歎息之至御座候」と現政権の開拓使問題への対応を批判した上で、次

のような内容が続く。「向後兼而申入候内閣組織国憲之制定帝室財産此三箇条者今度之葛藤ヲ幸ニ盛大之御規模不相立而ハ庶人横議帝権モ随而堕地未曾有之国乱ヲ可醸成存候[6]」。今まさに「帝権」を維持しなければ将来の国乱を招くとし、それを防ぐために「内閣組織」「国憲之制定」、「皇室財産」の三点を課題としている。それも「今度之葛藤ヲ幸ニ盛大之御規模」にすべきとした。かつて侍従長を勤めた彼にとって、内閣の編成、憲法制定と並び皇室財産の拡大が重要な関心事であった。

　一方で岩倉具視は年月日が不詳だが、伊藤博文宛に次のような書簡を送っている[7]。

　　一　廃使置県不都合之事
　　一　北海道に北京被置度の事
　　　　右は御定相成相当之場所等取調被仰付る事
　　一　帝室にて北海道の内御所有相成度候事。
　　　　右条々書面可申上候得共、先は口述申上置候

「廃使」反対の意見であることから、それが議論となり開拓使の廃止が決定する明治一四年の後半のものと推察できるが、岩倉は蝦夷地開拓を「皇威隆替」に関わる所との認識を持っていた[8]。そこには明治新政府が目指していた天皇制の維持、強化といった課題について、北海道はその対応をなす地域としての認識がある。その点において、岩倉は天皇の威光による統一的な統治機関であった開拓使の廃使に反対したと考えられる。故に北海道において、「東京」、「西京（京都）」に並ぶ「都」として「北京」の設置を呈示したものといえる。ただ、その設置場所は明記されておらず、「相当之場所等取調被仰付る事」としているのは、後の設置位置についての議論を生む結果となった。

第2節　黒田と岩村の意見書

　明治14年の政変以降、開拓使長官を辞し内閣顧問となっていた黒田清隆が太政大臣三条へ、明治15（1882）年5月に次のような意見書[9]を提出している。

　　将来施政ニ計画自ラ震衷ニ存スヘシト雖モ清隆ノ所見ヲ以テスレハ札幌ヲ北京ト定メ離宮ヲ置キ時々北巡夏天避暑ノ用ニ供セラレ皇族モ亦各彼地ニ若干ノ土地ヲ有シテ永住ノ所ト定メ華族中有志ノ者ハ各奮テ移住ヲ為シ以テ産業ヲ立ツルヘシ（中略）華族ノ徒ニ祖業ニ籍リ東西京ニ聚居シテ優游日ヲ送ルカ如キ獨リ其盡ヘキノ義務ヲ尽ササルノミナラス其社会ニ害アル夫ノ游手無頼ノ徒ト逐ニ其歸ヲ同フスルニ至ラン夫レ皇族ハ勿論華族ハ皆王室ノ根軸ニシテ言論行為庶民ノ師表トナリ常ニ政府ノ方向ニ従ヒ合テ一体トナリ以テ國ノ治安ヲ保持スヘキ者ナレハ宜ク此意ヲ嚴諭セラレ時勢ノ風潮ニ動揺シテ浮華軽躁ノ習ニ染ム勿ラシメ其貴族タルノ責ヲ盡サシムヘシ。

さらに黒田は、明治16（1883）年12月に太政大臣三条実美に対する「意見書[10]」として「請フ北海道枢要ノ地ヲ撰ヒ離宮ヲ建設シ皇上時ニ巡幸アラセラレ皇族及華族ニ切諭ヲ賜ヒ若干ノ地所ヲ分配シテ之ヲ開拓セシメ華族ハ其舊臣ヲ優導シテ之ニ従事シ陸羽諸縣地多ク人少キノ處亦其移住ヲ許サハ国家拓地殖産ノ業ヲ輔ケ士族授産ノ道ニ於テ亦神益スル所アルヘシ」とし、翌明治17（1884）年2月にも「前ニ論スルカ如ク北海道ハ我邦ノ地勢ニ於テ最モ要枢ノ地タリ（中略）速ニ離宮ヲ設ケラシ時ニ巡幸アラセラレ（中略）移民ノ念ヲ誘発」する必要があり、「士族移民ノ法ハ尤モ今日

ノ急務ニシテ[11]」といった意見書を三条に提出している。

　この黒田の北海道改革意見の要旨は、第一に岩倉が提案した「北京」を札幌とし、そこに離宮を設置すること。第二に北海道内に皇室料地を設定すること。第三に華族資本を積極的に移入すること。第四には士族授産のために北海道への移住を増加させることである。開拓長官を辞し、内閣顧問といったいわゆる「閑職」に身をおきながらも、華族及び宮中の意向に敏感に反応した黒田が、北海道への影響力をさらに強めようとした意見とみることができる。

　これに対して、後に初代北海道庁長官となる当時会計検査院長であった岩村通俊は、太政官により北海道視察が命じられ[12]、その結果、北海道内陸部での「北京」設置と皇室領の設定を建議している。それが次の、明治15年11月に太政大臣三条へ提出した「奠北京於北海道上川議[13]」である。

　　聖意北海道ハ北ノ鎖鑰而シテ開拓ハ皇威隆替ノ係ル所未タ以テ開拓ノ大本ヲ立ルニ足ラス然
　　則宜ク別ニ一根軸ヲ定メ以テ永遠不朽ノ鴻基ヲ建テスンハアル可カラス其策如何曰北京ヲ上
　　川ニ置キ大挙民ヲ移シ土ヲ開キ農ヲ勧メ以テ一大都府ヲ開クニ在リ夫レ上川ノ地タルヤ北海
　　道ノ中心ニ位シ石狩川ノ上流ヲ占メ土地肥沃森樹叢生河川以テ舟楫ヲ通スヘク平原以テ鉄道
　　ヲ設ク可シ苟モ今日一大根軸ヲ開キ以テ永遠不朽ノ鴻基ヲ建ント欲セハ北海全道ノ広キニ択
　　モ断シテ此右ニ出ル者ナキヲ知ル（中略）特ニ殖民事務局ヲ上川ニ置キ其総裁ハ皇族之ニ任シ
　　副総裁ハ勅任ヲ以テ之ニ充ツ

　かつて開拓使判官であった岩村通俊は札幌ではなく上川（現旭川）に北京を設置し、そこに「殖民事務局」を置き、その「総裁」を皇族とするとの提案である。

　さらに、岩村はその副啓書として「御有地撰定意見[14]」を付記し、「現今宮内省御用地ハ別録ノ如ク東西京及其他各地ニ在ルモ合セテ僅ニ一百九拾八万坪余ニ過キス（中略）上川奠京ノ議廟議果シテ決セハ須ラク先ス適当ノ土地ヲ相シ皇居及ヒ御苑囲地ト」するべき事を述べている。上川への北京設置にともない皇居と皇室料地の設定を主張している。従来この岩村意見は天皇の威光による北海道への移住者の増進を狙ったものとの評価が中心であるが[15]、それに加え皇室料地を北海道内陸部で確保することを述べているものと指摘でき、宮中の意向を踏まえた上での主張が中心であったと考えられる。また、ここから北海道の中心を「札幌」に置くか、内陸部の「上川」に設定するかの議論が生まれ、その後の北海道の政策に影響を与えたことを指摘しておきたい。

第3節　安場の意見書

　明治17年、太政官から北海道巡検を命ぜられた参事院議官安場保和から、その復命書として、具体的な北海道の政策意見が9月に提出される。「北海道殖民ノ措置ヲ改正スルノ議[16]」である。安場は参事院議官であるが、かつて中正派に属し、当時の宮中側の意向に沿った具体的北海道政策案と捉えることができよう。

　　三県分管ノ事務ヲ一轄ニ帰セシメ（中略）主任官ヲシテ専ラ民ヲ殖シ、地ヲ開キ物産工業ヲ盛
　　大ニスルノ目的ヲ達セシメ、人民各自ニ於テモ之ヲ大ニシテハ北門ノ鎖鑰トナリ、（中略）現
　　今三縣分立ノ制ニ比スル其得失果シテ如何ニヤ、依テ試ニ其概目ヲ左ニ列陳ス。
　　一　北海道函館外二縣ヲ廃シ、更ニ北海道殖民局ヲ置ク。　　位置札幌

　　一 函館ヲ除キ其他全道悉ク本局ノ所属トス。

　　　　但シ函館ニ府ヲ置キ市政ヲ統括セシムヘシ、抑該道ノ地タル北門ノ一代要衝ニシテ、

　　　　本邦ノ宝庫ト云フモ過言ニアラサルヘシ。故ニ函館ニ府ヲ置キ市政ヲ布シ之レニ離宮

　　　　ヲ設ケ夏秋候必ス　親臨該道ノ施設情状ヲ明察セラルヘキナリ

　　一 凡北海道ハ内地ト其制ヲ殊ニスルコトヲ得。

　　一 北海道殖民局ニ局長ヲ一名置キ内務省ニ属ス。

　安場は三県制の弊害を指摘し、それを廃止し「殖民局」の設置を求めている。これは岩倉以来の全道を統一的に統治する機関設置の要求であるが、岩村の殖民事務局設置意見が影響したものと推察できる。安場は殖民局を内務省の下部組織とすることを提案している。そして、その設置位置を札幌とし、加えて函館には離宮を設置することを主張した。道の中心を札幌とすることを強調し、且つ「本邦ノ宝庫」である函館を皇室領とすることを提案したのである。

　以上から宮中勢力の北海道に対する政策への意向が、次の点であったことが考察できる。それは、来る立憲制に対する天皇制の維持といった性格を強く持ったものであった。宮中勢力は北海道を御料地等の皇室財産の確保地として活用することを目指していたのである。そこにこそ、三県一局制という体制への批判があり、より強固で全道的な統治機構の設置を望む姿勢があった。その点で、従来の黒田、岩村の北京論及び安場の意見書は北海道開拓一般を示したものに留まらず、むしろ皇室財産の確保といった側面を持っていたことを指摘する必要がある。宮中の意向は、立憲体制下で天皇の威光の高揚と、その維持のための財産確保のために統一的統治機構の創設を期待していたのであった。

第4節　西郷、山県の意見書

　明治18（1885）年6月、西郷農商務卿・山県内務卿が次のような意見書を閣議案として太政大臣に提出した[17]。

　　管理局ヲ廃シ、殖民地方ニ適当ナル一種ノ制度ヲ設ケ、更ニ殖民局ヲ置キ全道帰一ノ方略ヲ

　　持シ三縣施治ノ順序ヲ定メ殖民興産ニ関スルモノハ皆其統轄ニ属セシムル（中略）殖民局ノ組

　　織ハ（中略）内務省ニ隷シ其長官ハ二等官トシ時ニ三縣ニ対シ主管ノ事務ヲ令建スルヲ得且三

　　縣令ヲ兼子其僚属ノ如モ亦交互適宜ニ兼任セシメ該局ト地方庁ト交渉ノ事務ヲシテ撞着阻害

　　ノ患ナク円滑流通ノ便ヲ得セシムヘシ（中略）札幌ハ移民来住ノ便既ニ備ハリ、民業漸ク起レ

　　リ、故ニ今ヤ一歩ヲ進メ、更ニ石狩国上川郡ニ置クヲ可トス（中略）通常経費ハ先ツ管理局及

　　殖民山林費度ニ充タル者ヲ転用シ若シ不足ヲ告クル時ハ三縣経費内流用ノ法ヲ設ケ別ニ国庫

　　ノ支出ヲ要セサルヘシ（中略）一旦有事ノ日ニ際セハ邊警自カラ厳粛国威ヲ保持スルニ於テ其

　　便益果シテ鮮少ナラサルヘシ

　この建議書では、これまでの政策が統一性を欠いた施策であり、円滑な事業展開が行われず、さらに多額の費用を費やしながらも成果が上げられないといった課題解決への意見が述べられている。その点では前述の安場の意見に類似するもので、特に殖民局を内務省管理下にする点は共通している。しかしながら、この西郷・山県建議は管理事業局に替わって殖民局を上川に置き、一方で

三県制を維持するものといったものであった。そして長官は三県令と兼務するとし、殖民局を内務省下に置く点では、農商務省の影響力の低下を目的としたものといえよう。

第5節　金子の「復命書」と北海道庁の創設

　西郷、山県の意見書が政府内で討議される中で、三県の存廃の可否について議論が起こり、該当の三県令は廃止に反対を表明した。そこで参議の伊藤は、内閣大書記官であった金子堅太郎を北海道へ派遣し、実情調査を命じた。金子は明治18年10月2日帰京し次の「北海道三縣巡視復命書[18]」を提出した。

> 北海道三縣ノ政務、及ビ管理局ノ事業ヲ巡視スルニ、到底縣庁及ビ管理局ハ之ヲ廃止シテ、更ニ殖民局ヲ設置スルニアラザレバ、該道拓地殖民ノ大業、決シテ望ム可カラザルノ状況ニアリ。

　西郷、山県の意見の三県維持案に反して三県一局制の廃止を提起したものであり、新たに殖民局を設置しなければ、「該道拓地殖民ノ大業、決シテ望ム可カラザル」と述べている。金子は続けて「今其理由ヲ左ニ排列セン」として、次のような新たな方策を呈示した。第一に県庁は牧民主義をとり管理局は営業主義を方針とするため、施策に一貫性がない事。第二に県と局の重複した事業によって巨額の費用を費やしている事。第三には「内地同一」の県政が問題であり、北海道の特殊性への配慮が必要である事。当時の北海道政が抱えていた問題性を明確に呈示したものといえる。中でも経済活動の統一化の必要性については、特に次のように指摘している。

> 殖民局ヲ新設セラルルノ際ナレバ、裁判所、及び屯田事務局ヲ除キ、断然縣庁及ビ管理局ヲ廃止シ、従来両局部ニ分別シタル経済ヲ統一シテ、北海道ノ政務ヲ改新スルコト最モ今日ノ急務タリ。然リ而シテ、今若シ、殖民局ヲ設置スルニ、政府更ニ国庫ヨリ巨額ノ金員ヲ支出スルモノトセバ、財政窮迫ノ今日、或ハ俄カニ之ヲ決行シ難キ事情アルベシ。然ルニ、今ヤ裁判所、及び屯田事務局ヲ除キ、縣庁及ビ管理局ノ定額金ノミヲ挙グルモ、猶ホ百九拾七萬弐百参拾圓ノ金高ヲ得ベシ。而シテ此金額ヲ以テ、拓地殖民ノ費用トセン乎、決シテ僅少ナラザルナリ。故ニ、今日ノ計タルモノハ、先ヅ之ヲ以テ殖民局ノ定額トナシ、北海道拓地殖民ノ事業ヲ振興センニハ、荊棘荒蕪ノ原野モ、鶏鳴相継ギ炊烟相接スルノ日ヲ見ンコト、蓋シ亦、遠キニアラザルベシ

　ここでは北海道政の改革、特に殖民局設置における財政面での課題にたいして具体的な解決策を呈示しており、金子の提案が大蔵省の意向を極めて配慮したものであった点が指摘できる。さらに屯田兵についての意見は、次のとおりに述べており、それは陸軍の意向を受けたものと推察できる。

> 屯田兵ハ、帝室付属ノ兵員ニシテ、北門ノ鎖鑰ヲ守ルモノトシ、其開墾地ハ、着手後十ケ年間除税シ、十一ケ年目ヨリ之ヲ皇室財産ニ編入シ、屯田兵ハ、皇室ノ小作人ト見做シテ地租ヲ徴収シ、其収入ハ、帝室ノ御用度ニ供スルモノトナサントス。（中略）後日北海道ニ鎮台ノ設置アルマデ、其儘ニ据置キ、租税ヲ徴収セザルヲ法トセリ。然レバ、此土地タルヤ、早晩之ガ処分ヲナサザルヲ得ス。故ニ今日帝室財産ノ必要ナルコトヲ感ズルト同時ニ、此策ヲ立ツルモノトス。

　ここにおいては皇室財産の確保をも明言し、「今日帝室財産ノ必要ナルコトヲ感ズルト同時ニ、此策ヲ立ツルモノトス。」とまで述べている。さらには「屯田兵ハ、帝室付属ノ兵員」と屯田兵の位置付けを皇室付属として役割を強調し、「屯田兵ハ、皇室ノ小作人ト見做シテ地租ヲ徴収シ、其収入ハ、帝室ノ御用度ニ供スルモノトナサントス」ることによって、皇室の収入増を目ざしたものであった。

　以上から、金子の北海道改革の意見書は宮中派の安場意見を基本としながら、大蔵省の立場を配慮し、加えて、屯田兵の増設を目指す陸軍の意向と皇室財産確保をもくろむ宮中側の意向もみごとに組み込まれたものといえよう。

　金子は後日談[19]として、次のように語っている。

　　私ハ復命書ヲ作リ断然三縣ヲ廃止シ一大官庁ヲ置キ開拓ノ大方針ヲ定ムルノ建議ヲ呈出シタ
　　所ガ伊藤参議ガ私ヲ喚ンデ「君ノ意見書ハ至極宜イガ山縣内務卿ト井上外務卿ノ処へ之ヲ持
　　ツテ往ツテ其意見ヲ聴ケ」ト言ハレタ、依テ復命書二通ヲ作リ山縣井上ノ両参議ニ送ツタ所
　　ガ山縣内務卿ハ「(中略)俺ハ君ノ説ニ賛成スル」ト言ハレタ又井上外務卿モ「(中略)至極賛成」
　　ト言ハレタ依テ伊藤参議ニ其ノ事ヲ言ウタ所ガ参議ハ「ソレデハ之ヲ決行シヤウト思フ併シ
　　黒田ハ今内閣ヲ去ツテ役人デハナイケレドモ北海道開拓ノ事業ニハ深イ関係ガアルカラ黒田
　　ノ意見ヲ聴ケ」、(中略)サウシテ黒田ノ意見ヲ聴イテ異論ガナケレバ閣議ニ懸ケテ決メヤウト
　　言ハレタ、(中略)「復命書見タ、調査　精密、議論明晰改革ニハ聊カ異存ナシ」ト云フ(黒田
　　からの一論者記)電報ダ、此ノ電報ヲ伊藤参議ガ見テ是ナラバ安心ダ、黒田ガ斯ウ言ヘバ誰
　　モ異存ヲ言フ者ハナイ決行シヤフ

　金子の復命書は伊藤に提出した後、山県、井上に渡され、その後黒田の手に渡っている。そして黒田の承認を得た上で閣議に回った。黒田の北海道に対する影響力への配慮が依然として必要であったことは事実であった。その点で後の北海道庁長官の人選等に影響を与えたと考えられる。

　伊藤は金子堅太郎の建議案に基づき、北海道庁の創設を明治19年1月22日の閣議で決定し[20]、1月23日に上奏し「裁可ヲ仰」ぎ[21]、その結果、1月26日の「内閣布告[22]」により北海道庁が正式に創設された。その布告が次である。

　　北海道ハ土地荒漠住民稀少ニシテ、富庶事業未タ普ク辺隅ニ及フコト能ハス、今全土
　　ニ通シテ拓殖ノ実業ヲ挙クルカ為ニ、従前置所ノ各庁分治ノ制ヲ改ムルノ必要ヲ見ル、因テ
　　左ノ如ク制定ス
　　　　第一
　　函館、札幌、根室三県並北海道事業管理局ヲ廃シ、更ニ北海道庁ヲ置キ、全道ノ施政並集治
　　監及屯田兵開墾授産ノ事務ヲ統理セシム
　　　　第二
　　北海道庁ヲ札幌ニ、支庁ヲ函館、根室ニ置ク

　北海道庁との名称で、札幌に創設され、初代北海道長官に司法大輔であった土佐出身の岩村通俊が就任する。

　同年2月25日、岩村が着任し、3月1日に北海道庁が開庁する。その際函館、根室の支庁が開

庁されている。その後、同年2月の農商務大臣の通達を受けて[23]、3月17日付けで道庁は「本道殖民事務及山林事務自今当庁ニ於テ管理ス但山林事務ノ義ハ追テ何分ノ義相達候迄従前ノ通取扱フヘシ」といった通達[24]を出す。但し書きが付くが山林管理が道庁の職務として明記された。ここに宮中が志向した皇室財産確保のための北海道における山林管理業務は、北海道庁の一元的管理下に置かれることになる。その後、御料地として200万町歩に及ぶ官林が皇室財産となっていったのである[25]。

　以上、金子の復命書は開拓使廃止以降の様々な立場からの北海道政の改革意見と、宮中、そして陸軍の意向をほぼ全て採用したものであった。むしろ、特に薩摩派が牛耳る状況の中で、その薩摩を牽制しつつ、宮中、陸軍間のバランスの上での提案であった。それは逆に言えば、それらのバランスを考慮しなければならない状況にあったといえる。薩摩派は依然として北海道への影響力の保持を目指し、宮中、陸軍といった諸勢力が北海道の政策に対して関心を持っていたのである。その結果、立憲制への移行といった歴史的変革の中で、強力な官僚組織である内閣制度の導入を背景として、北海道政を推進する統一的組織として北海道庁が創設されたのであった。

第2章　北海道庁の名称と札幌設置、岩村の初代長官就任をめぐって
第1節　北海道庁という名称

　ここまで北海道改革に向けての諸意見を検討したが、道政を担う新たな統一的機関を安場、農商務卿西郷・内務卿山県、さらに金子も殖民局といった名称で提案されている。しかしながら実際は北海道庁といった名称で設置された。これまで北海道庁の名称は、「井上毅の提案」といった指摘のみに留まっており[26]、その点は何ら検討されていない。

　大正14（1925）年8月21日、当時北海道庁文書課長であった北崎巽と金子が対談を行っている。その中で金子は道庁設置の後日談として次のように語っている[27]。「最初ノ官制ハ殖民局トシテ書イタ、所ガ井上毅カラ殖民局ト云フヨリ北海道庁トシタガ宜カラウト云フ説ガ出タニ付キ書直シテ北海道庁ノ官制ガ出来タノデアル」。この史料から北海道庁の名称が井上毅によって提案され、それを金子が採用し北海道庁の名称に決定したとされている[28]。ちなみに明治19年の1月20日付けという北海道庁設置が官報で公示される六日前の『東京日々新聞』では「北海道の改革」という見出しの記事に「新たに殖民局を置いて特立の局たらしめ」とあることから[29]、北海道庁の決定が、その布告直前であった可能性が高い。

　何故「殖民局」ではなく北海道庁であったのか。その理由の一つとして、明治政府が北海道のもつ「殖民地」といった性質を払拭する意図があったことを提起したい。原田敬一は日清戦争以降の日本政府は「植民地」といった呼称を忌避する傾向にあったことを指摘している[30]。「植民」と「殖民」との違いがあるが、明治10年代においては、同義語として使用されていた[31]。したがって、当時の明治政府は極めて植民地的性格を持っていた北海道の施策機関に対して、そのイメージを払拭するために殖民局といった名称を忌避したと考えられる。その一端が次の史料からも推察できる。金子の記憶では「明治十七年頃ヨリ北海道総督ヲ置キ全道ヲ統一シ経営スヘシトノ議論アリ[32]」とある。これによれば当時の政府部内では「北海道総督」といった呼称案が議論されたことがわかる。北海

道総督とは明らかに日清戦争以降の「台湾総督」「朝鮮総督」といった植民地支配の現地統治機関の名称である。このことは、政府の一部では明らかに北海道を植民地として認識していたことを示すものであり、その性格を公言することを避けるために殖民局といった呼称を忌避したものとみることができよう。加えて、より重要なことは、「局」といった名称は、一般的に各省の下部組織としての位置付けであり、当時の政府の脳裏にはより強力な統治権を持たすために、内閣直属で他省と対等な権限を持った「庁」とする必要があったものと推察できる。宮中は北海道に広大な皇室領の確保を期待し、全道を統一的に統治する機関の設置を望んでいた。他方、陸軍も来るべき全道規模での徴兵制の施行を目指していた。したがって省の下部組織でなく、むしろ各省と対等な権限を持つ機関として北海道庁である必要があったと考えられる。事実、創設直後、北海道庁は内閣総理大臣の直轄機関となっている。

　したがって、北海道庁といった呼称自体が、政府内部での北海道政への姿勢、そして宮中が描いていた皇室財産の確保といった天皇制の維持強化策、さらに陸軍が描いていた全国での徴兵制の実施による統一的軍政の確立を推進するための北海道の政策を表していたといえよう。

第2節　札幌への設置

　明治18年7月18日付の金子から伊藤への書簡で、金子は殖民局の設置場所について「北海道中に而尤も適当之場所に御設有之度奉存候[33]」と述べている。これから北海道庁設置の明治18年7月の段階で、設置場所についての決定に慎重な姿勢であったことが窺えられ、同時に、この段階ではまだ決定していないことが確認できる。それは、岩倉の北京論から始まり、黒田の札幌設置論、岩村の上川設置論があり、軽々に判断できない状況があったことを指摘しておきたい。金子の書簡後の8月27日、司法大輔であった岩村通俊が建議書を三条へ送っている。岩村の二度目の建言である。それが「奠北京於北海道上川郡再議[34]」である。そこには「廟議速決殖民局ヲ上川ニ置キ以テ北京ヲ奠ムルノ地トナサンコト」と述べられており、再度の「北京」の上川設置論を展開した。金子が北海道巡視の最中であり、その後初代長官となる岩村の上川設置論は、前述の「上川北京論」の延長であることは間違いないが、8月の段階で上川への設置を主張したことは、札幌設置論への強力な反対声明であったと言わざるを得ない。

　検討すべき点は、明治17年の参事院議官安場保和の意見書で、提案の第一条に「位置 札幌」と明記し、強調していることである。敢えて「第一」として札幌設置を強調したとみることができ、当時の情勢が札幌以外での設置意見との競合状況にあったことが推察できる。事実、前述のとおり初代長官となる岩村は明治15年段階で、既に上川での設置を主張し、明治18年8月という、まさに政府内部で北海道政の改革が本格的に議論されている状況で上川案を再提示している。山県、西郷も、その意見書で上川論を主張している。加えて重要視したいのは、金子の復命書では道庁設置場所を明記していない点である。その上で金子から伊藤への書簡があることから、札幌設置に向けての何らかの議論があり、その決定に向けて慎重な姿勢が窺える。したがって、「始めに札幌ありき」では決してなかったのである。

　実際は、上川という内陸での設置は膨大な費用が必要であり現実的対応として、既に開発が進ん

でいた札幌への設置が妥当と結論づけられたものといえよう。ただ、札幌への道庁設置は必ずしも恒常的なものではなく、ある意味で暫定的なものであった可能性がある。日時が不詳で長官就任の前後かも不明であるが、初代長官岩村通俊が、「先ス殖民局ヲ仮ニ札幌ニ置キ而三年間ニ道路ヲ開キ駅逓ヲ置キ廳舎ヲ建テ然ル後局ヲ上川ニ移シテ道ヲ根室ニ通シ又釧路ヨリ北見ニ横貫セハ全道経営ノ基本立ント[35]」と談じていることは、その可能性を示唆したものである。事実、初代長官岩村通俊は、就任後、積極的に上川開発を推進している。

第３節　岩村通俊の初代長官就任

　最後に土佐出身の岩村通俊の初代道庁長官就任について考察を行いたい。この点について永井秀夫は、道庁長官は「現実により妥協的に『その人を得る』という方式にしたがって[36]」岩村が選定されたとしている。本節では、その指摘を前提に就任にいたる過程を確認しながら、考察する。

　内閣制度設置に向けて緊張した状況下の12月14日に、金子堅太郎からの北海道巡視復命書及び報告書を、山県が岩村に送付している[37]。それには「過日略御談話仕置候北海道県治に付金子書記官之意見書並報告書両冊呈清覧候。御一読後は御返却可被下候。他事拝光万譲。」と記されている。山県は復命書について岩村に精読を要請し、その内容に対する意見を求めている。ここから北海道の政策に関わって、両者が極めて親密な関係であったことが窺える。加えて、前述のとおり道庁の上川設置案で山県と岩村の意見が共通していることから両者は道政改革において共闘的関係であったといえよう。

　12月29日には金子から伊藤へ、次のような書簡が送られている。「北海道庁に関する起草案一部進呈仕候。尚御一読の後命令に従ひ修正可仕候。尤先日一寸入御覧候北海道長官の訓令案是には関係無之候間目下詳細取調致候。其分は近日進呈可仕候。先は要用迄以書中上申仕候也[38]」。この時点で北海道庁の呼称がみられる。そして、その機構についての成案を金子が伊藤に提出した。その上で計画案に対する更なる検討を要請している。加えて「先日一寸入御覧候北海道長官の訓令案」とあることから、長官の役割や位置付けについて慎重である必要があった様子がわかる。

　さらに、同年１月16日の金子から伊藤への書簡は次のような内容である[39]。

> 北海道庁長官之儀本日審査致候得共、数多之箇条に付閣下之御指揮を乞ふに非されは修正難致し、（中略）明日十二時迄に官報局長へ指令致すへき事有之、旁以休日御妨けとは奉存候得共明朝八時より九時迄に御別荘に参上御指揮奉仰度候間、此段御願申上候。（中略）尚以岩村大輔より之書状進呈仕候

　これによれば、金子は長官についての議論を行っているが、その上で伊藤の「御指揮」を求めていることがわかる。また、その末尾に、その内容は定かではないが「岩村大輔より之書状進呈仕候」と記されているのは興味深い。

　そして、正式に初代長官への就任が布告される前日に、伊藤から松方に「明日ハ内閣参集定日ニ付、何卒、御参集被下度候、北海道改革一件、既ニ得裁可候ニ付、明日岩村以下拝命、随而、会計之事も署御同席ニ而、取極申渡置度候[40]」といった書簡があり、直前まで調整が行われたことが推察できる。

　以上が岩村の初代長官就任までの経過である。初代長官の人選が極めて慎重なものであったことは疑いようがない。

　前述した金子の北崎との談話[41]の中で、金子は次のように語っている。「次ニ起ツタ問題ハ長官ハ誰ガ宜カラウカト云フ問題デアッタ、三縣モ廃止シ管理局モ廃スル、ソレデ是ハ全ク薩摩人ニ関係ノ無イ者ヲ入レタラ宜カラウト云フノデ、当時司法大輔ヲシテ居ツタ岩村通俊（是ハ明治初年ニ開拓使判官ヲシテ居タ経歴モアルカラ）宜カラウト云フコトニナッテ、道庁第一時ノ長官ニ為ツタ」。ここからも、従来の北海道政策に強い影響力をもった薩摩派と無関係の人物を長官にする意図があったことが確認できる。

　一方で、長州派の山田顕義が長官就任に極めて積極的であったことが、金子の談話から指摘できる。それには「山田伯ハ北海道開拓ニ留意サラレ自ラ北海道長官ニナルヘシト迄言ヒ出テタリ」と金子が語っている[42]。当時、伊藤と金子は、長官人事を薩摩派からの就任を否定する必要があった。そのためには、「対抗勢力」といえる長州派からの人選は当然あり得ない状況があった。しかし他方で彼らの主導力を発揮するためには、長州に近い人物である必要もあった。そこで、山県と道政において共通の意向を持った岩村の存在が浮かび上がる。

　加えて、伊藤の内閣制度実現過程のなかで、重大な課題となったのは宮中対策であった。右大臣問題や有栖川宮の処遇[43]がそれである。その点で、岩村はいわゆる「宮中土佐派」に極めて近い位置にいた。年次は不明だが、岩倉が存命中に岩村宛に記した書簡では、「御状披見、過日は御来車薄待欠礼敬候。美品三種御恵贈陳謝候。万面時御礼可申述候。叉手、明日囲碁会御約申置候処、無拠用事出来延引候。此段御承知可被下候。[44]」とあり、岩村と岩倉の親睦関係が窺える。その上で、福岡孝弟が長官就任直後の１月29日、岩村に次のような書簡を送った。「前略御免可被下候。官報にて拝聴、然ば今般北海道守御蒙り御希望之如く歟と奉存候。御喜躍尤　御苦労奉存候[45]」。そこには岩村の長官就任の三日後、同藩出身の福岡から長官就任への慶賀が示されている。いうまでもなく、福岡は宮中土佐派に属しており、その立場からの慶賀と捉えることができよう。また宮中土佐派の中心人物である佐佐木高行からの同年２月１日付け書簡でも「拝呈　益御清適被成又過日は北地之長官御拝命拝賀之至に御座候[46]」とある。福岡からの書簡と同様に、岩村の長官就任への慶賀であり、岩村と佐佐木との一定の関係性が指摘できる。加えるならば、明治15年４月５日付けの岩村から佐佐木への書簡では「拝啓、前略、親睦会以来未得拝顔候、其節ノ演説ハ甚ダ味有リ、感服致シ候、扱、谷氏ノ模様如何、過日岩公ニ謁シ候所、修史館副総裁ニテハ如何ト御内話有之候、何卒此際出仕相成候様、御十分ニ御尽力有之度、御都合相分リ次第拝承仕リ度、右計早々、不一[47]」とあり、明治15年という中正党が最も活発に活動した時期から、佐佐木と岩村との親交関係が理解できる。

　他方で、岩村の経歴から、薩摩との関係性を指摘したい。岩村は明治10（1877）年３月から鹿児島県令の役職にあり、まさに西南戦争への対応と、その処理にあたった人物である。西南戦争最中の明治10年７月６日付けの大久保利通からの岩村宛書簡では「目今之情況にては賊徒撲滅も必らず近きにある可しと追て之吉報伸首仕候。平定に従て事務益繁忙御責任拡充、不容易御配慮言詞之及所にあらず候[48]」と鹿児島県下での戦争処理について激励を送っている。さらに、同年、西南戦争

終結後の戦後処理中の10月2日、西郷従道から、次のような書簡が岩村へ送られている。「頃日は愈平定に相帰し為邦家慶賀此事に御座候。兵乱之末御管下は別て之事、窮民撫恤保護等之儀万端不容易御配慮と想像いたし候。却説左書之二名は拙者親戚中之者に有之候処、今般県下へ差下し一族妻子等之処置為致度、就ては貴官へ対し時々相伺候品も有之候間、其節は御趣意之在る処篤と御示教之上何角御駆引被成下度厚御依頼申上候[49]」。書面には、戦争平定に対する慶賀を述べるとともに、鹿児島在住民に対する「撫恤保護」への十分な配慮を期待している。西郷の親族に対する庇護をも求めている。この書面からも薩摩派は岩村に対して一定の評価をし、ある種の信頼感を持っていたことが推察できよう。

　岩村と黒田との確執が指摘されるが、黒田以外の薩摩派は岩村を必ずしも忌避していたとは断じ得ない。むしろ、彼ら薩摩派は西南戦争を鹿児島県令として、県下の窮民への撫恤保護といった岩村の行為に対し、感謝し信頼感さえ持っていたと考えたい。

　道庁長官は、北海道政における薩摩派の影響力を排除するため、薩摩派からの選出を第一義に否定しなければならなかった。とするならば、薩摩からの反発を恐れ長州派からの選出はあり得ないことでもあった。その中で岩村は殖民局の上川設置論で山県と一致した意見を持っており、山県が金子の復命書を岩村に事前にみせるほどの関係であった。伊藤—山県ラインでは長州派に極めて近い存在であったといえる。加えて当時の薩長バランスの中で岩村が土佐出身であったことは大きな意味をもっていたと推察出来る。さらに、宮中に影響力を持った佐佐木と親交があり、当時の伊藤は内閣制度設置での宮中との関係に配慮しており、その意味でも佐佐木ら宮中派と親交のあった岩村は最適な人物であった。また従来黒田と岩村の険悪な関係が語られるが、実は黒田以外の薩摩派幹部は岩村に対して必ずしも悪しき感情を抱いていなかった。そうであるならば、薩摩派からも岩村の長官就任は反対する理由が無かったといえるであろう。したがって、岩村の長官就任は、決してその場しのぎの選定ではなく、むしろ当時の政治状況の中で極めて必然的な人選であったと結論づけたい。

おわりに

　本稿での考察の結論は以下である。北海道庁の創設は当時の宮中や陸軍が意図した北海道の政策が大きく影響していたのであった。また、北海道庁という呼称は、政府は北海道の性格を「植民地」と公言することを忌避し、各省と同等の位置付けをするために設定されたものであった。さらに札幌への設置については、経済的要因等による暫定的に設置された可能性を指摘した。加えて岩村長官の就任については、薩摩、長州間のバランスと、陸軍及び宮中との関係性によって、むしろ必然性をもった人選であった。以上推論の域ではあるが、当初から「北海道庁」ありきでも、「札幌」ありきでもなかったといった視点を呈示した。

　今後の北海道史研究がより豊かなものになるための一助となれば幸いである。

注

1　桑原真人　1982　『近代北海道史研究序説』北海道大学図書刊行会　第三章
2　北海道編　1973　『新北海道史』第四巻（通説三）7頁
3　前田亮介　2009　「初期議会期の北海道改革構想─第1次松方内閣（明治二四─二五年）を中心に」『史学雑誌』118（4）78頁
4　永井秀夫　2007『日本の近代化と北海道』北海道大学出版会　64頁
5　前掲永井　62頁
6　多田好問編　1968『岩倉公実記』下　（明治百年史叢書）760頁
7　伊藤博文関係文書研究会編 1975『伊藤博文関係文書』三 塙書房（以下『伊藤文書』）137・138頁
8　前掲永井　116頁
9　「明治一五年 黒田意見書」2002『黒田清隆関係文書』（ＣＤ‐ＲＯＭ版）北泉社（以下『黒田文書』）
10　前掲『黒田文書』「明治一六年黒田意見書」
11　前掲『黒田文書』「明治一七年黒田意見書」
12　「公文録　明治一五年・第二百二十二巻・明治一五年五月・官吏雑件 会計検査院長　岩村通俊北海道出張被命ノ件」 国立公文書館蔵デジタル資料（公03430100）
13　旭川市編　1993『新旭川市史』第六巻（史料一）165-168頁
14　前掲『新旭川市史』第六巻（史料一）170頁
15　旭川市編　1994『新旭川市史』第一巻（通説一）783・784頁
16　清野謙次編　1931『明治初年北海紀聞』岡書院　132-136頁
17　「第百四十六　秘密内議書類」『三条実美関係文書』（国立国会図書館憲政資料室所蔵 ）1998　北泉社　マイクロフィルム
18　北海道庁編　1991『新撰北海道史』第六巻　594-610頁
19　北海道庁編纂『金子子爵談 明治十八年 北海道巡察及ヒ三縣廃止道庁設置ノ沿革』 11・12頁
20　「公文類聚 第十編・明治一九年・第五巻・官職四・官省廃置「函館札幌根室三県並北海道事業管理局ヲ廃シ更ニ北海道庁ヲ置ク」国立公文書館蔵デジタル資料（類00251100）
21　同上
22　同上
23　北海道　1953『北海道山林史』　39・40頁
24　前掲河野『北海道史編纂掛』（道庁時代史料 制度部）31頁
25　黒田久太　1966『天皇家の財産』三一書房　32・33頁
26　前掲『新札幌市史』第二巻（通説二）61頁
27　注（20）に同じ
28　前掲『新北海道史』第四巻（通説三）6頁
29　『東京日々新聞』明治19年1月20日
30　原田敬一　2007『日清・日露戦争』岩波新書　108頁
31　長田三郎　2007「植民及び殖民地の字義」『国民経済雑誌』43(2)　124・125頁
32　河野常吉編『北海道史料』（三県一局時代 甲）北海道立図書館蔵 マイクロフィルム
33　前掲『伊藤文書』四　27頁
34　前掲『新旭川市史』第六巻（史料一）196頁
35　注32に同じ
36　前掲永井　70頁
37　伊藤 隆・坂野 潤治編「岩村通俊関係文書」三 95頁『史学雑誌』78（11）, 『同』78（12）1969、及び『同』79（1）1970（以下『岩村文書』）
38　前掲『伊藤文書』四　28頁
39　同上
40　大久保達正監修　1985『松方正義関係文書』六 470頁 大東文化大学東洋研究所
41　注19　13頁
42　注32に同じ
43　川口暁弘 2007『明治憲法欽定史』北海道大学出版会　116-133頁
44　前掲『岩村文書』一　66頁
45　前掲『岩村文書』三　77・78頁
46　前掲『岩村文書』二　71頁
47　東京大学史料編纂所 1976『保古飛呂比・佐佐木高行日記』八　116頁
48　前掲『岩村文書』二　56頁
49　前掲『岩村文書』二　68頁

（あいにわ・たつや／北海道大学専門研究員）

【自著紹介】

浅倉有子編『アイヌの漆器に関する学際的研究』
〈北海道出版企画センター　19年3月刊　Ｂ5判／296頁　定価：4950円（税込）〉

浅倉　有子

　この度、編著書『アイヌの漆器に関する学際的研究』を北海道出版企画センターより刊行した。以下、本書の紹介をさせて頂きたい。本書は、6年間にわたる科学研究費補助金基盤研究（C）、同と（B）の成果であり、2018年12月に明治大学で開催したシンポジウムと重複する成果でもある。

　まず、本書の内容と構成を示そう。本書は、講演録を含む四つのセクションからなっている。「I 北海道から発信する漆文化」、「II サハリンの漆器」、「III 蝦夷地と漆器」、「IV 南部椀と浄法寺塗」の四つである。

　「I 北海道から発信する漆文化」では、漆芸家で人間国宝（蒔絵）の室瀬和美氏による講演「北海道から発信する漆─今につながる漆文化─」を採録し、小野哲也氏（標津町教育委員会）のコメントを付している。

　「II サハリンの漆器」は3本の論文で構成され、ユジノサハリンスク市に所在するサハリン州郷土博物館との研究交流の成果でもある。北海道・東北史研究会員の東俊佑氏（北海道博物館）の「蝦夷地ウショロ場所における漆器の流入とアイヌの給料勘定」、同じく谷本晃久氏（北海道大学）「近世・近代のサハリン南部の歴史と漆器〜西海岸ライチシカ：来知志を中心に〜」、明治大学の宮腰哲雄氏を中心とする科学分析の成果「サハリン・アイヌの漆器の特徴と科学分析」である。

　「III 蝦夷地と漆器」は、漆器に関する多様な論文で構成されている。まず、清水香氏（新潟大学）他による「擦文・アイヌ文化における漆椀の実年代─総合的な分析による交流史の復元─」、菅原慶郎氏（小樽市総合博物館、本研究会員）の「蝦夷地で流通する『塗物類』に関する一考察」、同じく本研究会員・松本あづさ氏（藤女子大学）「明治初年におけるアイヌ向け漆器の仕入れについて」、小樽市総合博物館所蔵漆器を分析した明治大学理工学部の本多貴之氏「小樽市総合博物館所蔵漆器の科学分析」、金沢大学・神谷嘉美氏「小樽市総合博物館所蔵の漆器に用いられた金属の形態と加飾技法」の論考、さらに小林幸雄氏（元北海道開拓記念館）「沈金熊図文トゥキ（杯）の木地形態」の6本である。

　「V 南部椀と浄法寺塗」では、岩手県二戸市付近で製作された浄法寺塗と、南部椀に関わる4本の論考を収めた。拙稿（本研究会員）「南部箔椀に関する基礎的考察」、宮腰哲雄氏他による「歴史的な浄法寺塗の塗膜分析と特徴」、藪中剛司氏（国立アイヌ民族博物館設立準備室、当時）による「岩手県二戸市浄法寺で生産された可能性のある漆器について─新ひだか町博物館所蔵資料の検討から─」、さらに宮腰哲雄氏他の「新ひだか町博物館所蔵のアイヌの漆器の特徴と科学分析」で、総計

15本を所収している。

　以下、本研究会員の論考をごく簡単に紹介したい。東俊佑氏の論考は、幕末に越前大野藩が進出したウショロ場所の経営とアイヌの給料勘定について検討されたもので、漆器の種類や価格、アイヌへの渡し方等について論じている。結論として、役付のアイヌやその子弟が高価な漆器を入手するのであるが、有力者の「家」の財力、役の世襲において漆器が重要な意味を持ったことを論じられた。個人的には、男性のみではなく、妻や娘など、女性にも高価な漆器が渡されていることが興味深く思われた。

　谷本氏の論考は、ウショロ場所にも含まれるライチシカのアイヌ社会の歴史的な重層性を明らかにしたものである。ライチシカにおいては、漆器等のアイヌが用いた物品が、B. A. ジェレプツォフにより1948年に蒐集され、サハリン州郷土博物館に収蔵された。谷本氏は、同博物館のコレクション形成史について悉皆的な検討の必要性を述べている。併せて、18世紀末に清朝からカーシンタの職を得た首長の居住地であり、近代を通じて「自然コタン」として継続したライチシカの歴史的な特質を論じている。

　菅原氏は、「入北記」や加賀家文書の「御仕入物注文帳」に記載された多様な漆器について、生産地と商品名を比較・検討され、特定の生産地の存在を想定された。また、「蝦夷台盃」「蝦夷盃(椀)」のように、あえて「蝦夷」が付される漆器についての政治的な意図について述べられている。

　松本氏は、明治初年の開拓使文書の分析から、漆器の流通と利用の地域的な差異を検出された。すなわち、アイヌ人口が比較的多い地域、また西蝦夷地より東蝦夷地の各郡に多様な漆器が流通し、さらにアイヌの「自分稼」が盛んな地域に安定した漆器の供給がなされていたことを明らかにされた。浅倉は、南部箔椀に関わる職人、それに用いる箔の入手と幕府の統制について論じた。

　本書の最大の特色は、アイヌが用いた漆器に焦点を絞った初の論文集であり、かつ文献史学をベースとしつつも、考古学から科学分析までの幅広い領域をカバーしている点である。まさに文理融合であると自負しているが、いかがであろうか？

　最後にごく限られた予算の中で、出版をお引き受け頂いた北海道出版企画センターの野澤緯三男氏に篤く感謝申し上げたい。

（あさくら・ゆうこ／上越教育大学）

【新刊紹介】

中山大将著『サハリン残留日本人と戦後日本―樺太住民の境界地域史―』
（アジア環太平洋叢書第3巻）

〈国際書院　19年2月刊　Ａ5版／388頁　定価：3,500円＋税〉

白木沢　旭児

　本書は、境界研究の方法論によって、戦後サハリン残留日本人に焦点をあて、彼らの経験を実証的に明らかにした画期的な研究書である。本書の構成は以下の通りである。

はじめに
第1章　サハリン残留日本人研究の意義と方法
第2章　近現代東アジアにおける残留
第3章　戦後サハリンをめぐる人口移動と市民運動
第4章　サハリン残留日本人の発生
第5章　冷戦期帰国
第6章　25年の停滞と自己意思残留論の登場
第7章　冷戦期を生きる残留日本人
第8章　ポスト冷戦期帰国
終章

　本書の関心の中心は「境界変動を経験してきた〈境界地域〉において人々はいかなる経験をしてきたのか、とりわけ境界変動が人々の〈生〉にいかなる影響をあたえるのか」（7頁）ということである。著者は、「日本植民地研究への懐疑」（9頁）を抱いている。その理由は、日本植民地研究は「搾取・投資型植民地」への関心に偏り「移住型植民地」を充分に対象としてこなかったこと、社会主義下で抑圧された地域を対象化する理論的枠組みをもたないこと、などである。その結果、これらの課題を果たすべく、境界研究という方法に到達したのである。

　著者は、時期区分として「戦後期」（1945～1949年）、「冷戦期」（1949～1988年）、「ポスト冷戦期」（1988年～）を設定し、とりわけ従来の引揚研究では視野の外に置かれていた冷戦期、ポスト冷戦期のサハリン残留日本人の実態を明らかにした。

　研究方法としての特徴は、第一に、外交史料館所蔵戦後外交記録を渉猟し、残留日本人の帰国に関する外務省の仕事、および外務省文書に残された残留日本人の声を克明に明らかにしたことである。第二に、2005年から2017年にかけて、他の研究者とともにきわめて精力的にサハリン元住民（日本人および韓国・朝鮮人）の聞き取り調査を行い、その数は64名にものぼることである。本書の

分析には、サハリン元住民の生の声が十二分に生かされており、著者が掲げる「境界変動が人々の〈生〉にいかなる影響をあたえるのか」という問いへの回答を果たしている。第三に、「サハリン残留韓国人帰還運動関係資料」（国文学研究資料館所蔵）、「李羲八氏寄贈資料」（在日韓人歴史資料館所蔵、閲覧は韓国国家記録院）、NPO法人日本サハリン同胞交流協会、全国樺太連盟等の資料を活用し、民間団体側の動向についても明らかにしえたことである。

　こうした分析の結果、1949年7月23日までに出生したサハリン残留日本人総数は1,560名であり、2011年5月時点において、冷戦期に日本に帰国した者は964名、ポスト冷戦期に日本に帰国した者は56名（このほか韓国への帰国39名）、現地在住者は200名、現地死没者は219名であったことが明らかにされた（148頁、150頁）。これらの人々は、これまでの引揚研究では視野に入れられなかった人々である。

　著者のいう冷戦期帰国のうち、1959年までについては厚生省援護局が「後期集団引揚げ」と称しており、56年まではシベリア抑留者の帰国が主であったが、57年からはサハリン残留日本人が外国籍の家族を伴って帰国するというものが多くなった（集団帰国は59年に打ち切り）。これ以降、サハリンからの「個別帰国」となるが、65年とその前後に帰国者数が増えている。著者は戦後外交記録を用いてこの経緯および帰国した各世帯のうち大部分が日本人妻、朝鮮人夫という「朝日世帯」であることを明らかにした。さらに、民間団体資料を駆使して、日本に帰国した後の彼ら朝日世帯の生活ぶりをも分析している。冷戦期帰国は、77年以降途絶えてしまい、88年には「自己意思残留論」が政府答弁にあらわれる。日本政府も引揚者団体もサハリン残留日本人の帰国に関しては積極的ではなかったのである。

　著者は、人々がなぜサハリン残留を選択したのか（余儀なくされたのか）について関心を向けており、第7章では、数多くのインタビューに基づいて残留にいたった経緯、ソ連社会での生活など多様で豊かな体験を明らかにしている。そして、冷戦期のサハリン残留日本人と日本との結びつきを可能にしたものとして官製日本人墓参の事実を指摘し、現地では、ポスト冷戦期帰国への素地が形成されたと指摘する。

　ポスト冷戦期には、韓ソ国交樹立（1990年）を機に35,000人にものぼる在サハリン朝鮮人民族籍者（その大部分はソ連国籍となっている）に韓国への帰国の可能性を開いた。残留日本人についても、全国樺太連盟が帰国促進運動に加わり、厚生省も帰国援助に関する業務を委託するにいたる。

　このように、本書は、戦後のサハリン残留者について日本人はもちろん朝鮮人も視野に入れて可能な限りの資料および情報を駆使して書かれた研究書である。多くの読者が手にすることを期待したい。

（しらきざわ・あさひこ／北海道大学）

【新刊紹介】

井上敬介著『戦前期北海道政党史—北海道拓殖政策を中心に』
〈北海道大学出版会　19年3月　Ａ5判245頁／定価：5500円（税込）〉

関　　秀　志

　本書の著者井上敬介氏は北海道近代史の開発・政治・政党史研究の分野において、着々と優れた業績を蓄積してこられた気鋭の数少ない研究者で、既に2013年、『立憲民政党と政党改良—戦前二大政党制の崩壊』（北海道大学出版会）を発表され、高く評価されているが、今回は、北海道政党史の視野から北海道拓殖計画の成立、改訂の過程を考察されている。

　1．本書の構成

　本書は、著者が2017年から翌年にかけて、『道歴研年報』第18号、『ヒストリア』第262号、『北海道・東北史研究』第11号、『日本歴史』第829号、『史学雑誌』第126編－第10号、『北大史学』第57号に発表した論文を修正し、新たに書き下ろした論文を加えへ編集したもので、その構成は次のとおりである。

　序　章　課題と視角

　第一章 政党政治の確立と北海道第一期拓殖計画—政党間競合の視角から—（序説、第一節 星亨の札幌演説と北海道政治の始動、第二節 桂園体制と北海道第一期拓殖計画策定、第三節 政党間競合の激化と北海道第一期拓殖計画改訂問題、第四節 原敬内閣と北海道第一期拓殖計画改訂、第五節 護憲三派内閣と北海道第二期拓殖計画、結節）

　第二章 北海道第二期拓殖計画策定と二大政党—自作農創設問題を中心に—（序説、第一節 北海道第二期拓殖計画策定開始と二大政党の北海道支部、第二節 北海道農地特別処理法案と北海道拓殖計画調査会、結節）

　第三章 田中義一内閣と北海道第二期拓殖計画—北海道政治の二大政党化—（序説、第一節 北海道第二期拓殖計画改訂問題と一党支配回帰路線、第二節 北海道第二期拓殖計画改訂案の混迷と北方党路線、結節）

　第四章 立憲民政党政権と北海道政治—戦前二大政党制と地域開発—（序説、第一節 民政党政権の成立と北海道政治の二大政党化、第二節 民政党政権下における北海道第二期拓殖計画問題と二大政党の北海道支部、結節）

　第五章 斎藤実内閣における北海道政治—災害対策と地域開発—（序説、第一節 一九三二年の災害と北海道政治の転換、第二節 北海道復興対策の限界と北海道第二期拓殖計画改訂運動の本格化、結節）

　第六章 岡田啓介内閣期における北海道政治（序説、第一節 岡田啓介内閣の成立と北海道第二期

　なお、著者はこれらの論文に続いて、「昭和一〇年の北海道開発構想と二大政党の北海道支部―住民重視型総合開発―」（『地方史研究』第397号、2019.2）を発表している。

　２．本書の意義と今後の期待

　北海道近代史の最大の特色が、国家により北海道開発政策が強力に推進されたことにあり、それが多分野にわたり、極めて大きな影響を及ぼしてきたことは周知のとおりである。したがって、その政策の準拠とされた、開拓使や北海道庁初期の開拓計画、その後の北海道第一期・第二期拓殖計画などの長期計画については、これまで多くの研究が蓄積されてきた。また、政党政治の成立後は、云うまでもなく、政党の政策が国家の北海道開拓・拓殖計画にも反映されるので、従来の「北海道史」「北海道拓殖史」等でもこの点に触れているものが少なくないが、本書の最大の特色、学術的価値は、先行の研究成果をしっかりと検討しつつ、政党政治史の視点から、北海道拓殖計画の策定と改訂の過程を、総合的・構造的に、緻密に調査し、分析・考察を試みていることであろう。

　読者は、本書をとおして、政党が北海道開発に果たした役割の重要性を改めて認識するとともに、北海道近代史の視野を広げることが可能となったと言える。

　最後に、現在の私的な関心と著者への今後の期待を述べたい。昭和期に入ってからの、拓殖計画改訂の背景を見ると、第一次世界大戦期を境に北海道社会が大きな転換期を迎え、道民の主体も府県出身の開拓第一世代から北海道を郷里とする第二世代へと移りつつあり、道民意識にも変化が見られた。国の政策も新たな「拓地殖民」だけでなく、開拓期を脱した社会の充実、不況や深刻な凶漁・凶作（冷・水害）にも対応が迫られるに至った。このような状況において、道民の要求が、どのように政党に汲み上げられ、国の政策転換に反映されたのか。このような問題意識は、本書にもみられ、多くの記述がなされてはいるが、この課題の解明には、北海道各地域の実態を調査し、考察することが不可欠である。例えば、昭和10年に道内各支庁がまとめた「拓殖計画改訂意見書」には地域の現状と要求が具体的に記されていて、この種の資料の分析も有効と思われる。

　当時の地域社会の実態調査の重要性については、著者も「あとがき」で触れておられる。今後の研究成果を期待したい。

〈付記〉　著者の井上氏は、この後も、『道歴研年報』第20号（2019.9）、『北大史学』第60号（2020.12）、『北海道大学文学研究院紀要』162号（2021.2）『北方人文研究』第14号（2021.3）などに、本書と関連する労作を多く発表している。

（せき・ひでし／北海道史研究協議会）

『北海道・東北史研究』投稿要領

　北海道・東北史研究会では、学会や社会に意義のある議論を提供するため、皆様からの投稿を広く募集しています。下記の要領にて、随時受付をおこなっています。

●規定
　①論文　400字詰原稿用紙50～70枚程度（図・表を含む）
　②研究ノート・史料紹介　同30枚程度
　③コラム・書評　同10枚程度
　④自著紹介・新刊紹介・その他　数枚程度
　　☆①・②の場合には、要旨（800字程度）を必ず添付してください。
　　☆①・②の投稿にあたっては、審査用に副本（コピー）を２部お送りください。
　　☆ワープロ原稿の場合は、打ち出し原稿とともに、CD-R またはメモリースティック（Word 文書、一太郎文書。表は Excel が望ましい）の送付をお願いします。手書きでの御投稿も受け付けております。
　　☆④は研究動向・博物館等紹介など、型にはまりにくい原稿でも結構ですが、扱いは本誌編集事務局にお任せください。
　　☆投稿原稿は、原則として横組とします。
　　☆図表等は、なるべく印刷ページの４分の１以内としてください。また、おおまかな掲載位置を指定しておいてください。
　　☆執筆者へは本誌を１部贈呈させて頂きますが、抜刷は作成致しておりません。

●審査（ジャッジ）について
　①・②の掲載可否につきましては、当会におきまして、厳正な審査を実施しています。審査の結果は、できるだけ早く御通知いたします。

●原稿送付・お問い合わせ
　原稿送付・お問い合わせ等は、下記の宛先にお願いいたします。
　『北海道・東北史研究』編集事務局
　〒060-0810　札幌市北区北10条西７丁目　北海道大学大学院文学研究院谷本研究室気付
　TEL・FAX：011-706-2310　E-Mail：hokutoushi@yahoo. co. jp

■編・集・後・記■

　『北海道・東北史研究』2021（通巻第12号）をお届けします。編集の不手際に加え、感染症流行の状況もあいまって、前号の刊行から長期にわたり間隔があいてしまう事態となりました。まずは、会員諸氏へお詫びを申し上げなければなりません。今後は、なんとか年刊のペースを取り戻したく期しております。会員各位には、どうか引き続いてのご支援・ご投稿をお願いする次第です。
　今号は、近世・近現代の北海道・サハリンに関する論考等を掲載することが叶いました。執筆者各位には、深く御礼を申し上げます。論題の欧文翻訳は、毎号のことながら兎内勇津流さんにお引き受け頂くことができました。御翻訳にさいしては、ダリア・コジェヴニコヴァさん（露文）、ジョナサン・ブルさん（英文）にアドヴァイスを頂いたと伺っています。併せてここに感謝申し上げる次第です。

（『北海道・東北史研究』編集事務局）

『北海道・東北史研究』編集事務局
　〒060-0810　札幌市北区北10条西７丁目　北海道大学大学院文学研究院谷本研究室気付
　谷本晃久（編集責任者）　　東　俊佑　　田村将人　　三浦泰之

＊本誌のお求めは、会員価格2,000円、非会員価格2,200円(税込)となっております。御希望の方は、当会まで御一報下さい。新規入会御希望の方は、年会費2,000円を当会の郵便振替口座にお振込み下さい（通信欄に「新規入会希望」と記して下さい）。会誌・会報ならびに当会主催の研究例会等の御案内を差し上げます。
　　　　　郵便振替口座：02200－０－77935〔北海道・東北史研究会〕
＊本号各論考の用字や注表記は、各執筆者の意向によっています。